もくじと学習の記録

本書に関する最新情報は，当社ホームページにある**本書の「サポート情報」**をご覧ください。(開設していない場合もございます。)

4年の復習①

月　日

答え⬇別さつ1ページ

合格 80点　時間 30分

得点　　点

1 学校や学習に関係がある言葉です。〔　〕にあてはまる読みがな、または漢字を書きなさい。（36点／一つ2点）

(1) 児童〔　　〕
(2) 生徒〔　　〕
(3) 氏名〔　　〕
(4) 健康〔　　〕しんだん
(5) 例文〔　　〕
(6) 仲間〔　　〕
(7) こくごじてん　国語〔　　〕
(8) けっせき　〔　　〕
(9) そつぎょう　〔　　〕業
(10) じょうたつ　上〔　　〕
(11) ていがくねん　〔　　〕学年
(12) しけんかん　〔　　〕管
(13) きゅうしょく　〔　　〕食
(14) きょうりょく　〔　　〕力する
(15) もくひょう　目〔　　〕
(16) さんこうしょ　〔　　〕書
(17) いいん　〔　　〕員
(18) あいどく　〔　　〕読する

2 同じ音《おん》をもつ漢字をあとから四つずつえらんで、書きなさい。（20点／一つ1点）

(1) カ　〔　〕〔　〕〔　〕〔　〕
(2) カン　〔　〕〔　〕〔　〕〔　〕
(3) ケイ　〔　〕〔　〕〔　〕〔　〕
(4) ショウ　〔　〕〔　〕〔　〕〔　〕
(5) キ　〔　〕〔　〕〔　〕〔　〕

競　加　笑　完　器　成　信
軽　貨　旗　径　消　初　官
希　観　松　関　唱　果　季
景　課　願

3 同じ部首の漢字を集めました。二字のものは、どちらか、または両方に、その部首をもつ漢字が入ります。〔　〕に漢字を書きなさい。（36点／一つ2点）

(1) ⻌ しんにょう（しんにゅう）

① せんきょ〔　　〕 ② どうろ〔　　〕

③ こうつう〔　　〕 ④ ほうそう〔　　〕

⑤ うんどう〔　　〕 ⑥ ぜんしん〔　　〕

(2) 宀 うかんむり

① すいがい〔　　〕 ② きゃくしつ〔　　〕

③ よてい〔　　〕 ④ まも〔　〕る

(3) 灬 れんが（れっか）

① しぜん〔　　〕 ② 日が〔　〕《て》る

③ むり〔　　〕 ④ てんすう〔　　〕

(4) 氵 さんずい

① まんいん〔　　〕 ② しょうしつ〔　　〕

③ よくしつ〔　　〕 ④ せいしょ〔　　〕する

4 ①・②には同じ漢字が入ります。送りがなに気をつけて、漢字と送りがなを書きなさい。（8点／一つ1点）

(1)
① この薬は〔　　〕《にがい》。
② 急いで走ったので息が〔　　〕《くるしい》。

(2)
① 北の山々の雪が〔　　〕《きえる》。
② 部屋の電灯を〔　　〕《けす》。

(3)
① 大臣の発言を新聞が〔　　〕《つたえる》。
② わたしの気持ちが相手に〔　　〕《つたわる》。

(4)
① あの人はだれからも〔　　〕《すかれる》人だ。
② わたしは読書を〔　　〕《このむ》。

4年の復習②

時間 30分　合格 80点　得点　点

1 次の(1)〜(6)の文の「入れる」の意味をあとから選び、記号で答えなさい。（12点／一つ2点）

(1) 貯金箱《ちょきんばこ》にお金を入れる。〔　〕

(2) スイッチを入れる。〔　〕

(3) 母の希望を入れる。〔　〕

(4) 横から口を入れる。〔　〕

(5) 熱いお茶を入れる。〔　〕

(6) 管理人さんに電話を入れる。〔　〕

ア つなぐ
イ こしらえる
ウ はさむ
エ 聞きいれる
オ 外から中にしまう
カ かける

2 次の言葉の反対の意味になる言葉を漢字で書きなさい。（16点／一つ4点）

(1) 出席 ↕ 〔　〕

(2) 南極 ↕ 〔　〕

(3) 成功 ↕ 〔　〕

(4) 以上 ↕ 〔　〕

3 組になる言葉を見つけて、線で結びなさい。（18点／一つ3点）

(1) 好き ・　　・**ア** かた方

(2) 赤ちゃん ・　　・**イ** きらい

(3) 両方 ・　　・**ウ** はし

(4) 中央 ・　　・**エ** おりる

(5) 乗る ・　　・**オ** 今

(6) 昔 ・　　・**カ** 老人

4 次の文に合う慣用句《かんようく》になるように、あとから言葉を選んで書きなさい。（24点／一つ4点）

(1) このつぼを買うとは、〔　　〕が高い。

(2) あの老人は、〔　　〕は重いが、やさしい人だ。

(3) アルプス山脈《さんみゃく》の写真を見て、〔　　〕をうたれた。

(4) 学級委員長の熱意あふれる提案《ていあん》に、クラスのみんなが〔　　〕をかたむけた。

(5) 梅の花がさくのを、〔　　〕を長くして待っている。

(6) 今度のテストではきっといい点を取って、友達の〔　　〕を明かしてみせる。

口　ほね　耳　目　むね　首　鼻

5 次の文の〔　〕に、あとから言葉を選んで書き、文と文をつなぎなさい。（18点／一つ3点）

(1) おなかの調子が悪かった。〔　　〕、病院に行った。

(2) 昨夜、大臣に会いに行った。〔　　〕、話はできなかった。

(3) 最近の船は、悪天候のなかでも航海《こうかい》できる。〔　　〕、レーダーをそなえているからだ。

(4) このスープはおいしい。〔　　〕、栄養もある。

(5) 照明をつけた。〔　　〕、部屋が明るくなった。

(6) 日曜日は遊園地に行こうか。〔　　〕、水族館に行こうか。

しかし　それとも　なぜなら　そのうえ
だから　すると

6 次の文の〔　〕に、あとから言葉を選び、記号で答えなさい。（12点／一つ3点）

(1) 荷物を運ぶ人に〔　　〕。

(2) ほしいものがやっと〔　　〕。

(3) 赤ちゃんの世話は、小学生の〔　　〕。

(4) 仕事がいそがしくて〔　　〕。

ア 手にあまる　イ 手をかす　ウ 手に入る
エ 手がたりない

4年の復習③

月　日

答え➡別さつ2ページ

時間 40分　合格 80点

得点　　点

1 次の文章を読んで、あとの問いに答えなさい。

ごんは、お念仏《ねんぶつ》がすむまで、いどのそばにしゃがんでいました。兵十《ひょうじゅう》と加助《かすけ》は、またいっしょに帰っていきます。ごんは、①二人の話を聞こうと思って、ついていきました。兵十のかげぼうしをふみふみ行きました。

おしろの前まで来たとき、加助が言いだしました。

「さっきの話は、きっと、そりゃあ、②神様のしわざだぞ。」

「えっ？」

と、兵十はびっくりして、加助の顔を見ました。

「おれはあれからずっと考えていたが、どうも、そりゃ、人間じゃない。神様だ。神様が、おまえがたった一人になったのをあわれに思わっしゃって、いろんな物をめぐんでくださるんだよ。」

「そうかなあ。」

「そうだとも。だから、毎日、神様にお礼を言うがいいよ。」

「うん。」

ごんは、③へえ、こいつはつまらないなと思いました。おれがくりやまつたけを持っていってやるのに、そのおれにはお礼を言わないで、神様にお礼を言うんじゃあ、おれは引き合わないなあ。

---

④そのあくる日も、ごんは、くりを持って、兵十のうちへ出かけました。兵十は、物置でなわをなっていました。それで、ごんは、うちのうら口から、こっそり中へ入りました。

そのとき⑤兵十は、ふと顔を上げました。と、きつねがうちの中へ入ったではありませんか。こないだ、うなぎをぬすみやがったあのごんぎつねめが、またいたずらをしに来たな。

「ようし。」

兵十は立ち上がって、なやにかけてある火なわじゅうを取って、火薬をつめました。

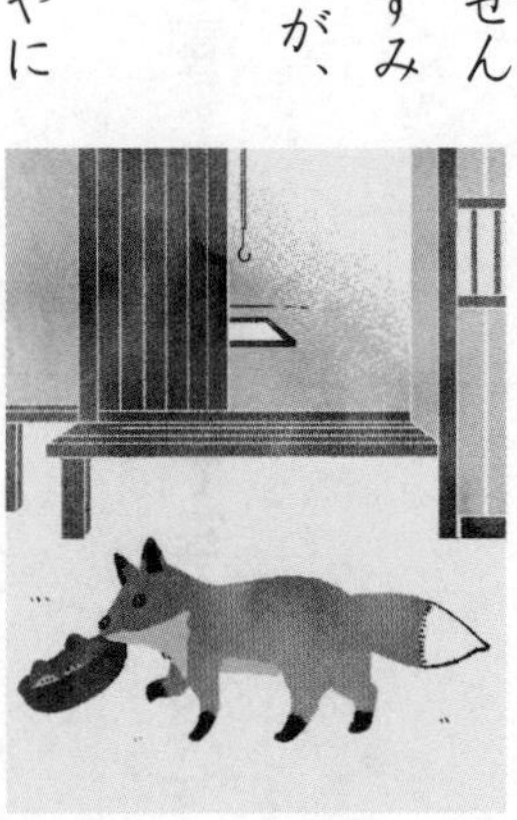

そして、足音をしのばせて近よって、今、戸口を出ようとするごんを、ドンとうちました。ごんは、ばたりとたおれました。兵十はかけよってきました。うちの中を見ると、土間にくりが固めて置いてあるのが、目につきました。

「おや。」

と、兵十は⑥びっくりして、ごんに目を落としました。

「ごん、おまえだったのか。いつもくりをくれたのは。」……

（新美《にいみ》　南吉《なんきち》「ごんぎつね」）

(1) ごんは、――線①「二人の話を聞こうと思って」どのようにしてついていきましたか。(20点)

〔　　　　〕

(2) 加助は、どうして――線②「神様のしわざ」だと考えたのですか。加助の言葉からぬき出しなさい。(15点)

〔　　　　〕と考えたから。

(3) ごんは、どうして――線③「へえ、こいつはつまらないな」と思ったのですか。〔　〕に文中の言葉を入れなさい。(20点/一つ5点)

おれ（ごん）が、兵十に㋐〔　　〕を持っていっているのに、㋑〔　　〕は、おれでなく㋒〔　　〕に㋓〔　　〕を言うことにしたから。

(4) ――線④「そのあくる日も」という言い方から、どんなことがわかりますか。次から選び、記号で答えなさい。(5点)〔　〕

ア 今までにも、何度か来ていたこと。
イ 今日、はじめて来たこと。
ウ 何日もあけて、ひさしぶりに来たこと。

(5) ――線⑤「兵十」は、きつね（ごん）を見つけたとき、どんなことを思いましたか。文中から、そのときの兵十の気持ちを表した部分をぬき出しなさい。(20点)

〔　　　　〕

(6) 兵十は、何を見つけて――線⑥「びっくり」したのでしょうか。〔　〕に文中の言葉を入れなさい。(15点/一つ5点)

㋐〔　　〕に㋑〔　　〕が㋒〔　　〕置いてあるのを見つけたから。

(7) ごんをうった兵十は、どんな気持ちになっていますか。次から選び、記号で答えなさい。(5点)〔　〕

ア 今回は、すぐ火なわじゅうが用意できてよかった。
イ くりやまつたけを持ってきてくれたのに、しまった。
ウ これでいたずらされずに安心だ。

1 漢字のなりたち

学習のねらい
漢字は、三千五百年前に中国でできた文字で、その言葉の発音と意味を表す。漢字のでき方には六書《りくしょ》といって六つの種類がある。

月　日　答え⬇別さつ2ページ

STEP 1 ステップ1

1 [漢字のなりたち] 次の文章の□の中にあてはまる言葉を、あとのア～セから選んで、記号で答えなさい。

(1) 漢字は、もともと［A］の文字です。いつごろ作り始められたかはよくわかりませんが、今の漢字のもとになっている古い形の文字が、［B］ほど前の都のあとから発見されています。
漢字は、一字が一つの言葉にあてて作られたもので、その言葉の［C］と［D］とを表します。［E］や［F］が一字一字決まった意味をもたないのに比《くら》べて、漢字は性《せい》質《しつ》のちがった文字なのです。

A〔　〕 B〔　〕 C〔　〕 D〔　〕 E〔　〕 F〔　〕

(2) 伝説によると、漢字は、蒼頡《そうけつ》という人が、［G］の足あとから考えついたといわれています。そのころは、絵文字でしたが、しだいに発達して［H］文字となり、その後、［I］といわれる六種類の方法で、たくさんの漢字が作られました。

G〔　〕 H〔　〕 I〔　〕

ア 千年　イ 六書　ウ 日本　エ 馬　オ 発音
カ ローマ字　キ 三千五百年　ク 象形《しょうけい》　ケ 形声《けいせい》
コ 四書　サ 意味　シ 中国　ス 鳥　セ かな

2 [漢字のでき方] 次の漢字のでき方に合う漢字を下から選んで、線で結びなさい。

(1) ものの形を写した絵から作った漢字 ・　　・ア 上・末
(2) 数や位置などのように、形で表せないことがらを図形や記号で表して作った漢字 ・　　・イ 時・案
(3) いくつかの文字を組み合わせて、新しい意味を示《しめ》して作った漢字 ・　　・ウ 門・犬
(4) 意味を表す部分と音《おん》を表す部分とを合わせて作った漢字 ・　　・エ 信・司

重要 **3** ［漢字のでき方］ **漢字のでき方には、次の六種類があります。それぞれの名前をあとから選んで書きなさい。**

(1) 二つ以上の字を組み合わせた文字。たとえば、「明」「鳴」など。〔　　〕

(2) 「日」や「月」のように、ものの形を写して作られた文字。〔　　〕

(3) 意味を表す字と、音を表す字が一つになってできた文字。たとえば「銅《どう》」など。〔　　〕

(4) 「三」や「下」のように、形で表せないことがらを点や線を使って表した文字。〔　　〕

(5) もともとの意味が変わってほかの意味に使う文字。たとえば「楽」など。〔　　〕

(6) その字の読み方だけを借りて表した文字。たとえば「世話《せわ》」など。〔　　〕

象形文字　指事《しじ》文字　会意《かいい》文字
形声文字　転注《てんちゅう》文字　仮借《かしゃ》文字

4 ［象形文字］ **次の漢字の中から、形を写して作られた文字（象形文字）を選んで、〔　〕の中にその文字を書きなさい。**

〔川　花　刀　国　真　晴　足　油
出　本　馬　初　門　木　上　竹〕

〔　〕〔　〕〔　〕〔　〕〔　〕〔　〕

5 ［漢字のでき方］ **次の漢字のでき方をあとのア～オから選んで、記号で答えなさい。**

(1) 鳥〔　〕 (2) 林〔　〕 (3) 銅〔　〕
(4) 頭〔　〕 (5) 三〔　〕 (6) 泳〔　〕
(7) 鳴〔　〕 (8) 目〔　〕 (9) 末〔　〕
(10) 下〔　〕 (11) 岩〔　〕 (12) 雨〔　〕
(13) 楽〔　〕 (14) 財〔　〕 (15) 持〔　〕
(16) 魚〔　〕 (17) 牛〔　〕 (18) 清〔　〕

ア ものの形を写してできた文字
イ ことがらを点や線で表した文字
ウ 二つの漢字の意味を合わせた文字
エ 意味と音を表す部分を組み合わせた文字
オ もとの意味とちがった意味で使っている文字

月　日

答え➡別さつ3ページ

時間 30分　合格 80点　得点　　点

1 次の漢字を、例にならって意味を表す部分と音《おん》を表す部分に分け、その音を書きなさい。(14点／一つ2点)

例 功→(力)〔工・コウ〕

(1) 銅→(　　)〔　　・　　〕

(2) 泳→(　　)〔　　・　　〕

(3) 証→(　　)〔　　・　　〕

(4) 経→(　　)〔　　・　　〕

(5) 標→(　　)〔　　・　　〕

(6) 張→(　　)〔　　・　　〕

(7) 枝→(　　)〔　　・　　〕

2 次のア～コの漢字を、象形文字と会意文字に分けて、記号で答えなさい。(20点／一つ2点)

ア 明　イ 糸　ウ 林　エ 目

オ 魚　カ 動　キ 車　ク 雨

ケ 因　コ 信

象形文字…〔　〕〔　〕〔　〕〔　〕〔　〕

会意文字…〔　〕〔　〕〔　〕〔　〕〔　〕

重要

3 「測」という漢字について、次の問いに答えなさい。

(1) 「測」という字の、音を表す部分と意味を表す部分を書きましょう。(4点／一つ2点)

・音を表す部分〔　　〕

・意味を表す部分〔　　〕

(2) 「測」という字は、漢字のでき方から分類すると、何文字ですか。(6点)

〔　　〕文字

(3) 「測」という字には、「ア 深さ、長さ、大きさなどをはかる」「イ 心の中で、こうではないかと考える」の二つの意味があります。次の熟語《じゅくご》に使われている「測」は、ア・イのどちらの意味ですか。記号を書きなさい。(10点／一つ2点)

① 測定〔　〕　② 推測《すいそく》〔　〕　③ 測量〔　〕

④ 観測〔　〕　⑤ 予測〔　〕

4 次の漢字の部首を〔　〕に、漢字の音を（　）にかたかなで書きなさい。（10点／一つ1点）

(1) 精〔　　〕（　　）

(2) 健〔　　〕（　　）

(3) 志〔　　〕（　　）

(4) 際〔　　〕（　　）

(5) 館〔　　〕（　　）

5 次の――線のかたかなを漢字に直しなさい。（10点／一つ2点）

(1) セイ潔《けつ》な部屋。〔　　〕

(2) 災害《さいがい》の町をキュウさいする。〔　　〕

(3) えい画のショウ待けん。〔　　〕

(4) 結ろんにいたる過《か》テイ。〔　　〕

(5) すばらしい功セキを残す。〔　　〕

---

6 「日」という形に一画をそえてできる漢字を三つ答えなさい。ただし、例にあげたものはのぞきます。（6点／一つ2点）

例 目・甲・旦

〔　　〕〔　　〕〔　　〕

〔洛南高附中〕

7 次にあげる漢字には、まちがったものが五つあります。ぬき出して正しく書き直しなさい。（10点／一つ2点）

鏡　群　築　葉　録　易　横　報

祝　幕　耕　暴　当　複　達

〔　　〕〔　　〕〔　　〕〔　　〕〔　　〕

〔甲南中―改〕

8 次の漢字を組み立てている部分をもった漢字を書きなさい。（10点／一つ1点）

(1) 刂…〔　　〕　(2) 疒…〔　　〕

(3) 癶…〔　　〕　(4) 心…〔　　〕

(5) 夂…〔　　〕　(6) 广…〔　　〕

(7) 冖…〔　　〕　(8) 糸…〔　　〕

(9) 灬…〔　　〕　(10) 攵…〔　　〕

2 漢字の読み方

学習のねらい
漢字の読み方には、音読《おん》みと訓読みがある。また、熟語《じゅくご》は、上を音で読むと下も音で読み、上を訓で読むと下も訓で読むのが基本《きほん》だが、例外の読み方もある。

月　日

答え⬇別さつ3ページ

ステップ1

1 [音読みと訓読み] 次の文の□に入る言葉をあとから選び、記号で答えなさい。（二度使用してもかまいません。）

(1) 漢字の読み方は、[A]と[B]の二とおりがあります。

(2) 音読みは、[C]の発音をもとにした読み方で、その発音だけでは意味がはっきりわからないことがあります。

(3) 訓読みは、[D]で新しくつけられた読み方で、その発音だけで意味がわかります。

(4) 「山」を「サン」と読むのは、[E]で、「やま」と読むのは、[F]です。

ア 日本　**イ** 中国　**ウ** 訓読み　**エ** 音読み

A（　　）　B（　　）　C（　　）　D（　　）　E（　　）　F（　　）

2 [音読み] 次の漢字の音読みをかたかなで書きなさい。

(1) 消（　　）　(2) 安（　　）
(3) 完（　　）　(4) 飯（　　）
(5) 最（　　）　(6) 願（　　）
(7) 帯（　　）　(8) 測（　　）

3 [訓読み] 次の漢字の訓読みをひらがなで書きなさい。

(1) 包（　　）む　(2) 布（　　）
(3) 整（　　）える　(4) 形（　　）
(5) 述（　　）べる　(6) 額（　　）
(7) 祝（　　）う　(8) 位（　　）
(9) 破（　　）る　(10) 枝（　　）

4 重要 [訓読み] 次の漢字には、訓読みが二つあります。その二つを書きなさい。

(1) 細｛（　　）い（　　）かい
(2) 行｛（　　）う（　　）く
(3) 魚｛（　　）（　　）
(4) 治｛（　　）める（　　）る
(5) 増｛（　　）す（　　）える
(6) 覚｛（　　）える（　　）める

重要

5 [音読み] 次の——線の漢字の読みをかたかなで書きなさい。

(1) 直線〔　〕 正直〔　〕
(2) 平和〔　〕 平等〔　〕
(3) 自然〔　〕 天然〔　〕
(4) 競争〔　〕 競馬〔　〕
(5) 男女〔　〕 長男〔　〕
(6) 米国〔　〕 白米〔　〕

6 [音読みと訓読み] 次の——線の漢字の読みを、音読みはかたかなで、訓読みはひらがなで書きなさい。

(1) 支配〔　〕 配る〔　〕
(2) 正確〔　〕 確かめる〔　〕
(3) 過去〔　〕 過ぎる〔　〕
(4) 許可〔　〕 許す〔　〕
(5) 責任〔　〕 責める〔　〕
(6) 養生〔　〕 養う〔　〕
(7) 対比〔　〕 比べる〔　〕
(8) 快晴〔　〕 快い〔　〕
(9) 意志〔　〕 志す〔　〕
(10) 再会〔　〕 再び〔　〕

7 [重箱読みと湯桶《ゆとう》読み] ——線をつけた漢字の読みのうち、音読みには○、訓読みには△をつけなさい。

(1) 合図〔　〕〔　〕
(2) 仕事〔　〕〔　〕
(3) 新芽〔　〕〔　〕
(4) 場所〔　〕〔　〕
(5) 素顔〔　〕〔　〕
(6) 手本〔　〕〔　〕

8 [特別な読み方] 次の熟語の読みを書きなさい。

(1) 今朝〔　〕
(2) 大人〔　〕
(3) 七夕〔　〕
(4) 今日〔　〕
(5) 迷子〔　〕
(6) 景色〔　〕
(7) 上手〔　〕
(8) 博士〔　〕
(9) 河原〔　〕
(10) 清水〔　〕
(11) 果物〔　〕
(12) 眼鏡〔　〕

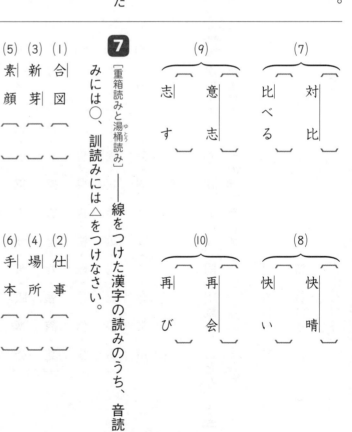

ステップ2

月　日

時間 30分　合格 80点

得点　　点

答え↓別さつ4ページ

1 次の(1)〜(5)の漢字には、それぞれ二とおりの訓読みがあります。例にならって送りがなをふくめて書きなさい。(10点/一つ1点)

例 食〔く―う〕〔た―べる〕

(1) 増〔　―　〕〔　―　〕

(2) 通〔　―　〕〔　―　〕

(3) 覚〔　―　〕〔　―　〕

(4) 苦〔　―　〕〔　―　〕

(5) 重〔　―　〕〔　―　〕

〔仁川学院中―改〕

2 次の漢字は音読《おん》みで二とおりの読み方があります。〔　〕にその熟語《じゅくご》の読みを書きなさい。(20点/一つ1点)

(1) 名　有名〔　〕　大名〔　〕

(2) 読　読書〔　〕　読点〔　〕

(3) 登　登校〔　〕　登山〔　〕

(4) 留　留学〔　〕　留守〔　〕

(5) 都　首都〔　〕　都合〔　〕

(6) 雑　雑草〔　〕　雑言〔　〕

(7) 物　動物〔　〕　食物〔　〕

(8) 無　無事〔　〕　無言〔　〕

(9) 治　政治〔　〕　治水〔　〕

(10) 興　興味〔　〕　復興〔　〕

3 次の漢字で、上のような読みをする漢字を選び、○で囲みなさい。(10点/完答一つ2点)

(1) ハン〔判・番・犯・畑・波・飯・版・博・売〕

(2) カン〔慣・岩・感・害・階・幹・願・館・覚〕

(3) テイ〔適・程・典・提・帳・転・停・低・投〕

(4) キン〔金・検・禁・季・近・均・器・協・希〕

(5) ジョウ〔準・条・順・状・賞・省・舎・常・情〕

重要

4 次の(1)〜(3)のA・B・Cには、同じ訓読みのことなる漢字が入ります。その漢字を答えなさい。(18点/一つ2点)

(1)
情がAい。〔　〕
夏はBい。〔　〕
湯がCい。〔　〕

(2)
戸をAける。〔　〕
席をBける。〔　〕
夜がCける。〔　〕

(3)
面積をⒶる。〔　　〕
時間をⒷる。〔　　〕
目方をⒸる。〔　　〕

5 次の送りがなに合うようにあとから漢字を選んで〔　〕に書き、その読みがなを（　）に書きなさい。（10点／一つ1点）

(1) 〔　　〕（　　）れる
(2) 〔　　〕（　　）ける
(3) 〔　　〕（　　）く
(4) 〔　　〕（　　）える
(5) 〔　　〕（　　）める

備　受　修　効　敗

6 次の――線の漢字の読みを書きなさい。（10点／一つ2点）

(1) 図書館から本を帯出する。
(2) 先生がたの仮《か》そう行列は見物だな。
(3) 文部科学省につとめる。
(4) わたしは野球が下手である。
(5) わたしの弟は生意気である。

〔　　〕〔　　〕〔　　〕〔　　〕〔　　〕

〔立正中―改〕

7 次の漢字の下に、〔　〕には音読みをかたかなで、（　）には名詞《めいし》の訓読みをひらがなで書きなさい。（8点／一つ1点）

例 顔〔ガン〕（かお）
横〔　　〕（　　）
河〔　　〕（　　）
芽〔　　〕（　　）
額〔　　〕（　　）

〔関西学院中等部―改〕

8 次の(1)～(7)の短文の意味が通るように、□に共通する言葉をあとから選び、記号で答えなさい。（14点／一つ2点）

(1) けい約を□。
帯を□。
(2) 重い荷物を□。
物事がうまく□。
(3) そば粉《こ》を□。
計画を□。
(4) □握手《あくしゅ》を交わす。
兄の決意は□。
(5) 算数に力を□。
火に油を□。
(6) 調子に□。
口車には□な。
(7) 意地を□。
ロープを□。

ア 張る　イ 注ぐ　ウ 練る　エ 運ぶ
オ 固い　カ 乗る　キ 結ぶ

(1)〔　　〕 (2)〔　　〕 (3)〔　　〕 (4)〔　　〕
(5)〔　　〕 (6)〔　　〕 (7)〔　　〕

3 漢字の書き方

学習のねらい

漢字を書くとき、ひと筆で書ける筆数を画数という。また、漢字の意味を表す部分を部首という。書く順序《じゅんじょ》は筆順といい、いくつかのきまりがある。

月　日

答え➡別さつ5ページ

ステップ1

1 ［筆順］次の(1)〜(5)の漢字の、筆順の正しいほうの記号を答えなさい。

(1) 右
ア 一 ナ 𠂇 右 右
イ ノ ナ 𠂇 右 右
〔　　〕

(2) 長
ア 丨 厂 F 巨 镸 镸 長
イ 一 厂 F 巨 镸 镸 長
〔　　〕

(3) 集
ア ノ 亻 亻' 亻'' 什 隹 隹 集
イ ノ 亻 亻' 亻'' 隹 隹 隹 集
〔　　〕

(4) 快
ア 丨 忄 忄 忄コ 快 快
イ ヽ 忄 忄 忄コ 快 快
〔　　〕

(5) 犯
ア ノ 犭 犭 犭ㄱ 犯
イ ノ 犭 犭 犭ㄱ 犯
〔　　〕

2 ［画数］次の漢字の画数は、それぞれいくつになりますか。数字で書きなさい。

(1) 陸〔　　〕　(2) 約〔　　〕　(3) 機〔　　〕
(4) 録〔　　〕　(5) 興〔　　〕　(6) 達〔　　〕
(7) 貿〔　　〕　(8) 災〔　　〕　(9) 往〔　　〕
(10) 刷〔　　〕　(11) 察〔　　〕　(12) 辞〔　　〕

3 ［部首］次の(1)〜(8)の漢字の部首を〔　〕に、部首名を（　）に書きなさい。

(1) 板〔　　〕（　　　）　(2) 草〔　　〕（　　　）
(3) 進〔　　〕（　　　）　(4) 刊〔　　〕（　　　）
(5) 底〔　　〕（　　　）　(6) 囲〔　　〕（　　　）
(7) 無〔　　〕（　　　）　(8) 究〔　　〕（　　　）

4 [筆順] 次の漢字の赤く書かれた部分は、何画めに書きますか。○の中に数字を書きなさい。

(1) 罪 ○　(2) 婦 ○

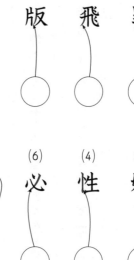

(3) 飛 ○　(4) 性 ○

(5) 版 ○　(6) 必 ○

(7) 布 ○　(8) 登 ○

(9) 状 ○　(10) 織 ○

重要

5 [部首] 次の部首の漢字を書きなさい。

(1) さんずい

①〔　〕《ちゅう》意　②〔　〕《まん》足　③〔　〕《えき》体

(2) きへん

①北〔　〕《きょく》　②〔　〕《けん》査　③目〔　〕《ひょう》

(3) てへん

①〔　〕《しょう》待　②〔　〕《とう》書　③〔　〕《てい》出

(4) りっしんべん

①〔　〕《じょう》景　②〔　〕《せい》格　③〔　〕《かい》晴

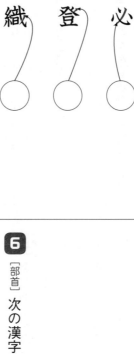

6 [部首] 次の漢字の部首名を書きなさい。

(1) 秋・種〔　〕　(2) 電・雪〔　〕

(3) 間・関〔　〕　(4) 評・識〔　〕

(5) 庫・庭〔　〕　(6) 鉄・鉱〔　〕

(7) 家・寄〔　〕　(8) 犯・独〔　〕

(9) 近・返〔　〕　(10) 園・固〔　〕

(11) 別・判〔　〕　(12) 然・照〔　〕

(13) 頭・顔〔　〕　(14) 経・績〔　〕

ステップ2

1 次の文章を読んで、あとの問いに答えなさい。

漢字辞典で「酒」の字をひいてみましょう。左側が「氵」だから、さんずいの[A]画を探《さが》してみますが見つかりません。見つからないはずで、「酒」という字の[B]は「酉」なのです。とりの[C]画を探しますと、配などの字にまじって、酒という字があります。へんは、左右二つの部分からなる漢字の場合、ふつう左の部分を指します。右の部分は[D]です。左と右に分けられる漢字は、へんと[D]からできていますが、そのほかの[B]には、①かんむり・②あし・③かまえ・④たれ・⑤にょうなどがあります。

(1) [A]～[D]に適切《てきせつ》な言葉や漢数字を入れなさい。(12点／一つ3点)

A〔　〕　B〔　〕　C〔　〕　D〔　〕

(2) ——線①～⑤にあたる漢字をあとから選び、記号で答えなさい。(10点／一つ2点)

ア 意　イ 相　ウ 厚　エ 起　オ 昭　カ 雪　キ 街

①〔　〕　②〔　〕　③〔　〕　④〔　〕　⑤〔　〕

〔立命館中〕

2 次の漢字について、それぞれの問いに答えなさい。(15点／一つ5点)

張

(1) 部首の名前を書きなさい。〔　〕

(2) 総画数《そうかくすう》は何画ですか。〔　〕画

(3) 筆順で、赤く書いてあるところは何画めですか。〔　〕画め

〔佐賀大附中〕

3 次の漢字(1)～(3)の、赤く書かれた部分は第何画になりますか。数字で答えなさい。(6点／一つ2点)

(1) 氷〔　〕　(2) 乗〔　〕　(3) 門〔　〕

4 次の(1)～(8)の——線の漢字を、例にならってA群(「へん」の部分)とB群(「つくり」の部分)とを組み合わせて答えなさい。(16点／一つ2点)

例 川はながれる (イ・ネ)

(1) 手にさげる〔　・　〕

(2) 人にしいる〔　・　〕

(3) 町はずれ〔　・　〕

(4) しょう来をはかる〔　・　〕

(5) 小刀をとぐ〔　・　〕

(6) 水あび〔　・　〕

(7) 一読にあたいする本〔　・　〕

(8) このごにおよんでまだまよっている〔　・　〕

A群（へん）	B群（つくり）
ア 禾　イ 氵　ウ 扌　エ 其　オ 谷　カ 亻　キ 石	ソ 欠　タ 東　チ 是　ツ 月　テ 刂　ト 十　ナ 虫
ク 言　ケ 夕　コ 交　サ 弓　シ 糸　ス 彳　セ 飠	ニ 开　ヌ 直　ネ 㐬　ノ 谷　ハ 卜　ヒ 夋　フ 西

〔青山学院中―改〕

5 次の(1)・(2)・(3)のグループに示《しめ》したア〜オの漢字には、部首のことなるものが一つずつあります。その記号を答えなさい。（9点／一つ3点）

(1) ア 機　イ 査　ウ 休　エ 染　オ 楽　〔　〕

(2) ア 史　イ 味　ウ 品　エ 器　オ 回　〔　〕

(3) ア 刷　イ 測　ウ 別　エ 判　オ 制　〔　〕

〔実践女子学園中〕

6 次の(1)・(2)の漢字の部首名を、あとから選び、記号で答えなさい。（6点／一つ3点）

(1) 限〔　〕　(2) 厚〔　〕

ア りっとう　イ がんだれ　ウ おおざと

エ まだれ　オ のぎへん　カ こざとへん

〔日本大豊山中〕

7 次の(1)〜(3)の文の、——線の漢字と、その画数を例にならって書きなさい。（6点／一つ1点）

例 ほんを読む。〔本・5画〕

(1) うまに乗って行く。〔　・　画〕

(2) そのことならしょう知した。〔　・　画〕

(3) 生徒をひきいる。〔　・　画〕

〔関西学院中〕

8 次の(1)〜(13)は、線で結ばれた部分が共通している漢字のくさりです。A〜Eには、それぞれ単独《たんどく》でも使える漢字が入ります。A〜Eに適当《てきとう》な字を入れて、(1)〜(13)の漢字のくさりを完成しなさい。（20点／一つ4点）

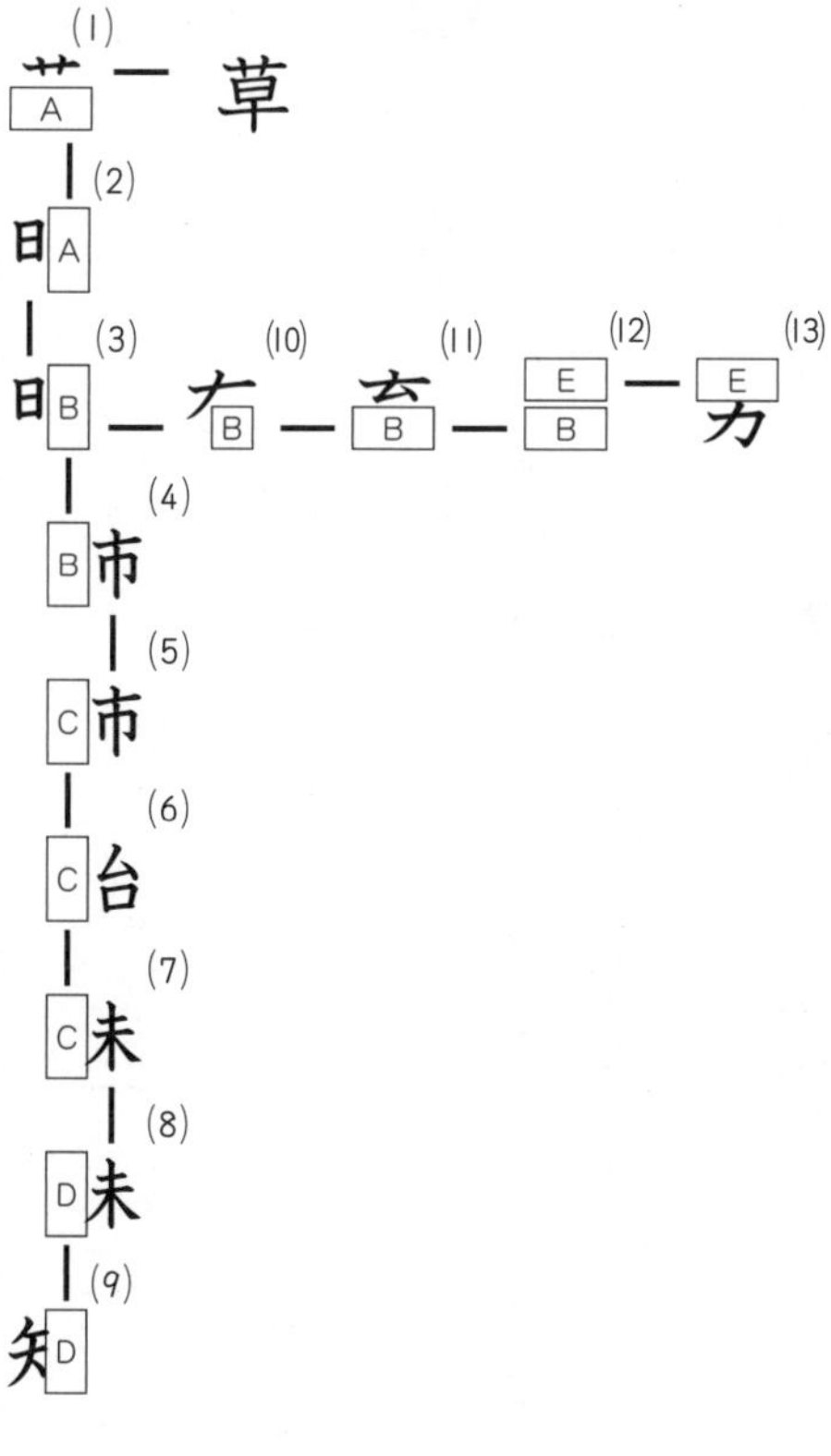

A〔　〕　B〔　〕　C〔　〕　D〔　〕　E〔　〕

〔灘中―改〕

STEP 3

ステップ3　1～3

時間 30分　合格 80点　得点　　点

月　日

答え⬇別さつ6ページ

1 次の——線部の漢字の読みを、ひらがなで書きなさい。（10点／一つ2点）

(1) 円い皿にもる。

(2) 薬が効く。

(3) 能率よく仕事をする。

(4) 定規で線を引く。

(5) 東京と大阪を往復する。

(1)〔　〕 (2)〔　〕 (3)〔　〕 (4)〔　〕 (5)〔　〕

2 次は、漢字の「しりとり」の問題です。[A]から[F]にあてはまる漢字を書きなさい。（12点／一つ2点）

入学→学[A]→[A]友→友[B]→[B]感→

感[C]→[C]機→機会→会[D]→[D]話→話題

→題[E]→[E]料→料[F]→[F]性

A〔　〕 B〔　〕 C〔　〕 D〔　〕 E〔　〕 F〔　〕

〔玉川学園中〕

重要

3 次のかたかなの部分を正しく漢字に直しなさい。（16点／一つ2点）

(1) コジンをしのぶ。

(2) コジン主義《しゅぎ》

(3) 犬をオう。

(4) 責任《せきにん》をオう。

(5) 目頭がアツくなる。

(6) 家の中がアツくなる。

(7) 字をウツす。

(8) 場所をウツす。

(1)〔　〕 (2)〔　〕 (3)〔　〕 (4)〔　〕 (5)〔　〕 (6)〔　〕 (7)〔　〕 (8)〔　〕

〔跡見学園中〕

4 次の各問いに答えなさい。

(1) 次の漢字には、それぞれ足りない部分があります。それぞれについて、足りない部分を書いて完成させなさい。（10点／一つ1点）

① 科《か》学《がく》

② 矣《さん》加《か》

③ 均《きん》一《いっ》

④ 買《しょう》品《ひん》

⑤ 年《ねん》賀《が》状《じょう》

⑥ 口《いん》果《が》

⑦ 宮《えい》業《ぎょう》

⑧ 其《き》本《ほん》

⑨ 国《こっ》方《き》

⑩ 朕《しょう》利《り》

(2) ——線部のかたかなを漢字に書き直しなさい。（10点／一つ2点）

① 台風で電車がウンキュウになる。

② 学校のキソクを守る。

③ テレビの取材はんがゲンチに行く。

④ 目がサめる。

⑤ ヤサしい問題。

①〔　〕 ②〔　〕 ③〔　〕 ④〔　〕 ⑤〔　〕

(3) かたかなの読みで、（　）内の意味をもつ漢字を答えなさい。（10点／一つ2点）

① イチモクサン（必死になってにげる様子）〔　　〕

② アオジャシン（しょう来、やってみたいと思うこと）〔　　〕

③ リエキ（もうけ）〔　　〕

④ クモユキ（ことのなりゆき）〔　　〕

⑤ サイサン（何度も、たびたび）〔　　〕

5

次の(1)～(6)の〔　〕の中にはどんな言葉が入りますか。あとの□の中から最も適当《てきとう》な漢字を一つ選び、その文にうまく合うように形をととのえて、漢字とひらがなで答えなさい。（12点／一つ2点）

(1)〔　　〕算は、引き算よりもやさしいと思う。

(2) 自然に草が〔　　〕てきた。

(3) 勉強に〔　　〕ないようにしたい。

(4) ぼくには〔　　〕思い出がある。

(5) 予想が完全に〔　　〕た。

(6) かみの毛を〔　　〕ば、もっときれいだろう。

足・後・苦・生・結・外

〔聖光学院中―改〕

6

次の(1)～(10)の文中のかたかなにふさわしい漢字を、それぞれア～ウから一つずつ選び、記号で答えなさい。（20点／一つ2点）

(1) 入院して二週間たったころ、やっとカイホウに向かった。〔　　〕
ア 解放　イ 快方　ウ 開放

(2) コウセイに名を残す大発見だ。〔　　〕
ア 後世　イ 攻勢　ウ 構成

(3) 祖母のイシをついで山を守る。〔　　〕
ア 意思　イ 遺志　ウ 医師

(4) 地球にエイセイの平和がおとずれることを願う。〔　　〕
ア 衛生　イ 衛星　ウ 永世

(5) 妹はキショウがはげしいので、よくけんかする。〔　　〕
ア 気象　イ 気性　ウ 起床

(6) シュウカンの雑《ざっ》しを定期的に読んでいる。〔　　〕
ア 週間　イ 週刊　ウ 習慣

(7) 学習に取り組むタイセイとなっている。〔　　〕
ア 態勢　イ 大勢　ウ 体制

(8) 試合の後半、コウキをとらえて攻《せ》めに転じた。〔　　〕
ア 高貴　イ 好機　ウ 好奇

(9) 世の人にもっとカンシンを持ってほしい。〔　　〕
ア 感心　イ 寒心　ウ 関心

(10) いいキカイだから、よく話し合おう。〔　　〕
ア 機械　イ 機会　ウ 器械

〔湘南学園中〕

4 熟語《じゅくご》の組み立て

月　日　答え➡別さつ7ページ

学習のねらい

熟語は、二字以上の漢字が組み合わさってできた言葉である。二字熟語の組み立て方と三字以上の熟語の組み立て方には、いろいろな種類がある。

ステップ1

1 〔熟語の読み方〕次の熟語の読みを書きなさい。

(1) 案外〔　　〕　(2) 書物〔　　〕

(3) 確実〔　　〕　(4) 合戦〔　　〕

(5) 意図〔　　〕　(6) 夜景〔　　〕

(7) 詩歌〔　　〕　(8) 大漁〔　　〕

(9) 読書〔　　〕　(10) 美人〔　　〕

(11) 遠近〔　　〕　(12) 無言〔　　〕

(13) 毛織物〔　　〕　(14) 建造物〔　　〕

(15) 衣食住〔　　〕　(16) 前後左右〔　　〕

(17) 日進月歩〔　　〕　(18) 非常事態〔　　〕

(19) 農耕生活〔　　〕　(20) 永久平和〔　　〕

(21) 完全無欠〔　　〕　(22) 七転八起〔　　〕

重要

2 〔熟語を書く〕次のかたかなを漢字に直しなさい。

(1) 〔メンセキ〕を求める。　(2) 〔オウフク〕の切ぷを買う。

(3) 学校の〔キョウシ〕。　(4) 〔テンネン〕の資《し》げん。

(5) 〔ゼイキン〕をおさめる。　(6) 〔デンポウ〕がとどく。

(7) 〔コウカイ〕に出る。　(8) 〔ハンニン〕をとらえる。

(9) するどい〔カンカク〕。　(10) 国外へ〔ツイホウ〕する。

(11) 自然を〔ホゴ〕する。　(12) 虫に〔キョウミ〕をもつ。

(13) 部屋を〔セイケツ〕にする。　(14) 〔ドウトク〕の時間。

重要

3 ［熟語の組み立て］次の熟語は、どのようにしてできたものですか。あとから選び、記号で答えなさい。

(1) 耕地《こうち》〔　　〕 (2) 無事〔　　〕 (3) 外国〔　　〕
(4) 道路〔　　〕 (5) 消火〔　　〕 (6) 増減《ぞうげん》〔　　〕
(7) 未定〔　　〕 (8) 暗黒〔　　〕 (9) 親友〔　　〕
(10) 発声〔　　〕 (11) 強弱〔　　〕 (12) 豊富《ほうふ》〔　　〕
(13) 急病〔　　〕 (14) 勝負〔　　〕 (15) 着陸〔　　〕

ア 同じような意味の漢字を組み合わせたもの。
イ 反対の意味の漢字を組み合わせたもの。
ウ 上の漢字が下の漢字の意味をかざるもの。
エ 動詞《どうし》の下に目的を表す漢字がついたもの。
オ 上の漢字が下の漢字を打ち消しているもの。

4 ［熟語の組み立て］「不・非・無・未」のうちどれかを上に使って、二字の熟語を作りなさい。

(1) 〔　〕来 (2) 〔　〕口 (3) 〔　〕幸
(4) 〔　〕理 (5) 〔　〕然 (6) 〔　〕在《ざい》
(7) 〔　〕番 (8) 〔　〕正 (9) 〔　〕満

5 ［熟語を作る］次の〔　〕に、上の読み方をする漢字を入れて、熟語を作りなさい。

(1) せい 〔　〕格《かく》 〔　〕定 〔　〕天
(2) かん 〔　〕習 〔　〕察 〔　〕流
(3) さん 〔　〕成 〔　〕加 〔　〕業
(4) こう 〔　〕堂《どう》 〔　〕路 〔　〕績《せき》
(5) かい 〔　〕速 〔　〕答 〔　〕底
(6) よう 〔　〕分 〔　〕日 〔　〕気

6 ［熟語の組み立て］次の熟語の組み立てを考え、例にならって二つの部分に分けて書きなさい。

例 非常識《ひじょうしき》……〔 非 〕と〔 常識 〕
(1) 出版物《しゅっぱんぶつ》……〔　　〕と〔　　〕
(2) 新発売……〔　　〕と〔　　〕
(3) 不安定……〔　　〕と〔　　〕

STEP 2

ステップ2

月　日

時間 40分　合格 80点　得点　点

答え⬇別さつ7ページ

1 次の(1)～(5)のそれぞれの四つの□の中に、共通した漢字を一字入れて熟語《じゅくご》を四つ作りたい。その共通した一字を答えなさい。(20点／一つ4点)

例　□屋　難□　□題　設□　〔問〕

(1)　可□　□断　□意　判□

(2)　今□　以□　□日　前□

(3)　受□　調□　□性　物□

(4)　人□　特□　□力　□利

(5)　□任　経□　□然　学□

(1)〔　　〕　(2)〔　　〕　(3)〔　　〕　(4)〔　　〕　(5)〔　　〕

〔世田谷学園中〕

重要

2 次の(1)～(10)の熟語は、どのような組み合わせでできていますか。あとから選び、記号で答えなさい。(20点／一つ2点)

(1) 変化〔　　〕　(2) 雲散〔　　〕　(3) 非常《ひじょう》〔　　〕

(4) 国営《こくえい》〔　　〕　(5) 少量〔　　〕　(6) 利害〔　　〕

(7) 未来〔　　〕　(8) 知識《ちしき》〔　　〕　(9) 高山〔　　〕

(10) 往復《おうふく》〔　　〕

ア 同じ意味の漢字を重ねたもの。

イ 反対の意味の漢字を重ねたもの。

ウ 上の漢字の意味が下の漢字の意味を修飾《しゅうしょく》しているもの。

エ 上に否定《ひてい》の漢字を付けて、打ち消しの意味を表しているもの。

オ 主語・述語《じゅつご》の関係のもの。

〔湘南学園中〕

3 次の□に漢字一字を入れて、たて、横とも三字熟語を作りなさい。(10点／一つ2点)

(1) たて：運□手　横：自□車

(2) たて：図□室　横：加□品

(3) たて：責□者　横：委□状

(4) たて：化□物　横：光□成

(5) たて：名□地　横：水□物

(1)〔　　〕　(2)〔　　〕　(3)〔　　〕　(4)〔　　〕　(5)〔　　〕

〔賢明女子学院中〕

4 次の(1)〜(5)の四字熟語で、漢字の使い方の正しいものを選び、記号で答えなさい。（10点／一つ2点）

(1) ア 因果応報　イ 印果王方　ウ 因賀王報　〔　　〕
(2) ア 三間四温　イ 三冠四音　ウ 三寒四温　〔　　〕
(3) ア 一年発起　イ 一念発起　ウ 一年発記　〔　　〕
(4) ア 温子知新　イ 温古知心　ウ 温故知新　〔　　〕
(5) ア 前代未聞　イ 前台未問　ウ 前代未文　〔　　〕

〔東京農業大第一高校中等部―改〕

5 次の四字の熟語を完成させなさい。（8点／一つ2点）

(1) 一〔　　〕一夕　(2) 利害〔　　〕失
(3) 前後不〔　　〕　(4) 完全無〔　　〕

〔仁川学院中〕

6 次の〔　　〕に反対の意味をもつ漢字を入れて、熟語を作りなさい。（10点／一つ2点）

(1) 強〔　　〕　(2) 天〔　　〕　(3) 難《なん》〔　　〕
(4) 新〔　　〕　(5) 増〔　　〕

7 次のア〜エは打ち消しの意味をそえる漢字です。あとの(1)〜(5)の熟語には、ア〜エのうちのどの漢字を組み合わせたらよいですか。記号で答えなさい。（10点／一つ2点）

ア 不　イ 非　ウ 未　エ 無

(1) 合法〔　　〕　(2) 整理〔　　〕
(3) 誠《せい》実《じつ》〔　　〕　(4) 資《し》格《かく》〔　　〕
(5) 公式〔　　〕

〔鷗友学園女子中〕

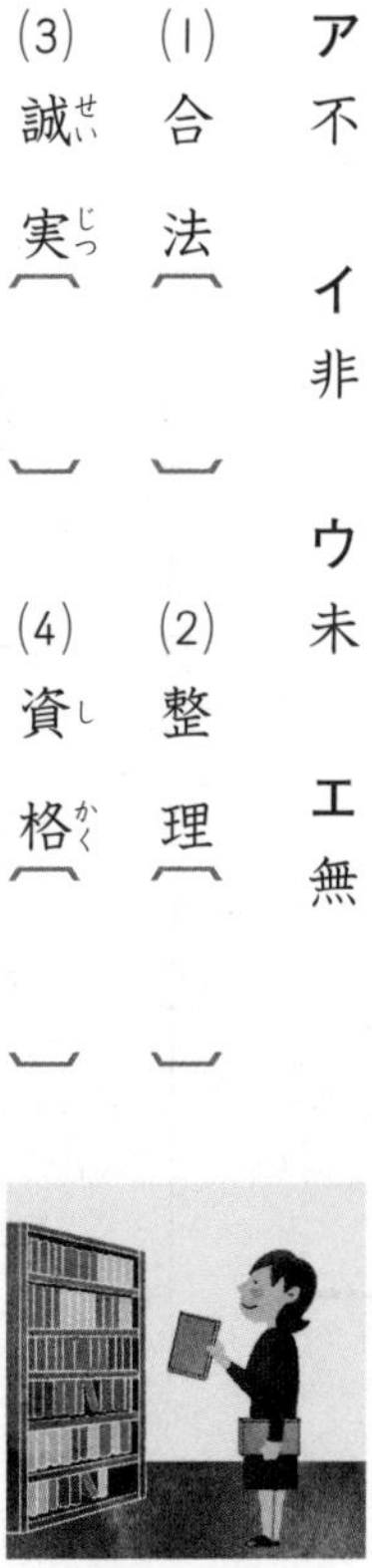

8 次の(1)〜(6)の四つの漢字の、それぞれの前またはあとに同じ漢字一字をつけると、二字の熟語ができます。その漢字を例にならって答えなさい。（12点／一つ2点）

例 安 太 行 水〔 平 〕（平安・太平・平行・水平）

(1) 人 達 功 完〔　　〕　(2) 理 変 配 野〔　　〕
(3) 帳 速 号 日〔　　〕　(4) 感 観 楽 母〔　　〕
(5) 堂 属 利 黄〔　　〕　(6) 達 口 和 快〔　　〕

〔灘中―改〕

5 熟語《じゅくご》の種類

月　日　答え↓別さつ8ページ

学習のねらい

熟語には、読み方は同じでも、漢字や意味のちがう同音異義語《どうおんいぎ》、たがいに反対の意味を表す反対語、漢字はちがっていても、意味や使い方が似《に》ている同類語がある。

ステップ1

1 ［同音異義語］同じ読み方でも、意味のまったくちがう熟語があります。意味を考えて、熟語を書きなさい。

(1) キシャ
（　　）…機関車がひいて走る乗り物。
（　　）…新聞や雑《ざつ》しのために文を書く人。

(2) コウドウ
（　　）…おこない。
（　　）…人を集めて、演説会《えんぜつかい》などをする場所。

(3) キタイ
（　　）…そうあってほしいと望むこと。
（　　）…ガス状《じょう》のもの。

(4) コウエン
（　　）…世間の人々の前で演じること。
（　　）…世間の人々に話をすること。

(5) キカン
（　　）…生き物の体で、生活作用をするところ。
（　　）…一定の時期の間。

2 ［反対語］次の(1)～(6)の言葉と反対の意味を表している言葉を選び、記号で答えなさい。

(1) 健康（ア 病院　イ 病気　ウ 入院）――（　　）

(2) 歩道（ア 国道　イ 水道　ウ 車道）――（　　）

(3) 短所（ア 近所　イ 長所　ウ 場所）――（　　）

(4) 未来（ア 過去《かこ》　イ 来年　ウ 去年）――（　　）

(5) 安全（ア 心配　イ 不安　ウ 危険《きけん》）――（　　）

(6) 赤字（ア 青字　イ 白字　ウ 黒字）――（　　）

(7) 当選（ア 選挙　イ 落選　ウ 他選）――（　　）

3 〔同類語〕上と下の意味が似《に》ている言葉を、——線で結びなさい。

(1) 勝敗・　　・ア 心配
(2) 不安・　　・イ 天然
(3) 学習・　　・ウ 勝負
(4) 用意・　　・エ 勉強
(5) 自然・　　・オ 準《じゅん》備《び》
(6) 返事・　　・カ 回答

重要

4 〔同音異義語〕次の文に合う熟語を（　）から選び、記号で答えなさい。

(1) 早起きは、よいしゅうかんです。（ア 週間　イ 習慣　ウ 週刊）〔　〕
(2) 妹は、こうえんへ遊びに行った。（ア 好演　イ 高遠　ウ 公園）〔　〕
(3) あの人のやり方には、本当にかんしんさせられる。（ア 関心　イ 感心　ウ 寒心）〔　〕
(4) 住所としめいを書く。（ア 氏名　イ 使命　ウ 指名）〔　〕

重要

5 〔反対語〕次の言葉と反対の意味の言葉を□から選んで、漢字で書きなさい。

(1) 生産⇔〔　〕　(2) 直《ちょく》接《せつ》⇔〔　〕
(3) 現《げん》実《じつ》⇔〔　〕　(4) 原《げん》因《いん》⇔〔　〕
(5) 幸福⇔〔　〕　(6) 戦争⇔〔　〕

ふこう　へいわ　けっか
くうそう　しょうひ　かんせつ

6 〔同類語〕次の各グループの中から、意味のよく似ている熟語を二つずつ選び、記号で答えなさい。

(1) ア 天候　イ 時候　ウ 天気　エ 雨天〔　・　〕
(2) ア 特《とく》質《しつ》　イ 特急　ウ 特別　エ 特《とく》性《せい》〔　・　〕
(3) ア 教育　イ 発育　ウ 生育　エ 体育〔　・　〕
(4) ア 半分　イ 部分　ウ 全体　エ 全部〔　・　〕
(5) ア 希望　イ 願望　ウ 失望　エ 展《てん》望《ぼう》〔　・　〕

ステップ2

月　日

時間 40分　合格 80点　得点　点

答え↓別さつ9ページ

1 次の(1)~(5)までの熟語《じゅくご》と反対の意味をもつ熟語をあとから選び、記号で答えなさい。(10点/一つ2点)

(1) 安全〔　〕　(2) 延《えん》長《ちょう》〔　〕

(3) 自然〔　〕　(4) 分散〔　〕

(5) 豊《ほう》富《ふ》〔　〕

ア 欠乏《けつぼう》　イ 集中　ウ 心配　エ 短縮《たんしゅく》　オ 都会

カ 人工　キ 危険《きけん》　ク 縮小《しゅくしょう》　ケ 人口

〔玉川学園中〕

2 次の(1)~(5)の↕印の上下の語が対義語《たいぎご》となるように、〔　〕に入る漢字一字を書きなさい。(10点/一つ2点)

(1) 長所↕〔　〕所　(2) 往信↕〔　〕信

(3) 主観↕〔　〕観　(4) 時間↕〔　〕間

(5) 得点↕〔　〕点

3 次のかたかなの部分を、漢字に直しなさい。(10点/一つ2点)

(1) 駐車禁止《ちゅうしゃきんし》のヒョウシキがある。〔　〕

(2) セイケツな衣服を身につける。〔　〕

(3) 久しぶりに高校のオンシに会う。〔　〕

(4) 科学の進歩に大きなコウセキがあった。〔　〕

(5) 祖母《そぼ》のセイカを訪《たず》ねた。〔　〕

〔攻玉社中〕

4 次の各文の中で、まちがった漢字の使われている場合は、例にならって正しく書き改めなさい。まちがいのない場合は、〔　〕に○印を書き入れなさい。(20点/一つ2点)

例 保健《ほけん》会社につとめる。〔健〕→〔険〕

(1) 専門家《せんもんか》の意見を聞く。〔　〕→〔　〕

(2) 単刀直入にたずねる。〔　〕→〔　〕

(3) 校庭の一部を解放《かいほう》する。〔　〕→〔　〕

(4) 最底限《さいていげん》の生活を保障《ほしょう》する。〔　〕→〔　〕

(5) 全身に火の子を浴びる。〔　〕→〔　〕

(6) まくの内弁当《べんとう》を自参する。〔　〕→〔　〕

(7) 日本の主都、東京を訪《たず》ねる。〔　〕→〔　〕

(8) 災害《さいがい》を未前に防《ふせ》ぐ。〔　〕→〔　〕

(9) 新製品《しんせいひん》が入貨する。〔　　〕→〔　　〕
(10) 写真を現像《げんぞう》する。〔　　〕→〔　　〕

〔大阪信愛女学院中〕

重要

5 次の(1)～(10)の熟語と意味が似《に》ている言葉を見つけ、記号で答えなさい。(20点／一つ2点)

(1) 準《じゅん》備《び》〔　〕〔　　〕　(2) 失意〔　〕〔　　〕
(3) 材料〔　〕〔　　〕　(4) 永《えい》久《きゅう》〔　〕〔　　〕
(5) 火事〔　〕〔　　〕　(6) 医者〔　〕〔　　〕
(7) 改良〔　〕〔　　〕　(8) 終生〔　〕〔　　〕
(9) 決心〔　〕〔　　〕　(10) 心配〔　〕〔　　〕

ア 一生　イ 医師《いし》　ウ 火災《かさい》　エ 改正　オ 決意
カ 用意　キ 失望　ク 不安　ケ 永遠　コ 原料

重要

6 次の言葉の反対語を、あとのア～キから選んで、記号を（　）に書き、〔　〕に漢字を書きなさい。(10点／一つ2点)

(1) 賛成《さんせい》（　）〔　　〕　(2) 内容《ないよう》（　）〔　　〕
(3) 登校（　）〔　　〕　(4) 平和（　）〔　　〕
(5) 任命《にんめい》（　）〔　　〕

ア センソウ　イ ケイシキ　ウ リセイ
エ ゲコウ　オ カイニン　カ ハンタイ
キ アンゼン

〔仁川学院中―改〕

7 次の――線のかたかなを漢字に直しなさい。(20点／一つ2点)

(1) すべての公務員《こうむいん》にはシュヒ義務《ぎむ》がある。
(2) 美術《びじゅつ》の先生が、近くの画廊《がろう》で初めてのコテンを開いた。
(3) 彼女《かのじょ》は日本スケート界のシホウともいえる存在《そんざい》である。
(4) インターネットのコウザイについて、クラスで話し合う。
(5) カロウがたたって体調を崩《くず》し、とうとう入院した。
(6) このテーマはケントウに値《あたい》する、大切なことだ。
(7) 彼《かれ》の考えのコンカンにあるのは、自由を尊重《そんちょう》する気持ちである。
(8) 王は手柄《てがら》をたてた兵士《へいし》にほうびを与《あた》えようとしたが、彼はコジした。
(9) この短編集《たんぺんしゅう》にツウテイするテーマは、表面的に読んでいてはわからない。
(10) 記録を塗《ぬ》りかえられたことは、自分の実力からするとボウガイの喜びであります。

(1)〔　　〕　(2)〔　　〕　(3)〔　　〕
(4)〔　　〕　(5)〔　　〕　(6)〔　　〕
(7)〔　　〕　(8)〔　　〕　(9)〔　　〕
(10)〔　　〕

〔ラ・サール中―改〕

月　日

時間 30分　合格 80点

得点　点

答え↓別さつ9ページ

1 次の(　)の中の言葉は、どれがいちばんよくその文に合いますか。記号で答えなさい。(30点／一つ3点)

(1) そのダムの建設《けんせつ》について、東の村と西の村とは(**ア** 損害《そんがい》 **イ** 損失 **ウ** 利害 **エ** 利益《りえき》 **オ** 収益《しゅうえき》)が相反するので、作るかどうかの意見が対立している。

(2) おぼんのころの墓参《はかまい》りやぼんおどり、正月に用意する鏡もちや門松《かどまつ》などが、日本の(**ア** 景色《けしき》 **イ** 風景 **ウ** 風物 **エ** 情景《じょうけい》 **オ** 風土)として外国の人にめずらしがられている。

(3) 多くの動物と異《こと》なり、人類の手と足とは(**ア** 分化 **イ** 成長 **ウ** 発育 **エ** 分割《ぶんかつ》 **オ** 統一《とういつ》)してそれぞれのはたらきをするようになっている。

(4) ぼくたちのチームは、熱心なコーチが一人ずつ教えるマンツーマン(**ア** 様式 **イ** 種別 **ウ** 作法 **エ** 習慣《しゅうかん》 **オ** 方式)できたえられて、うんと技術《ぎじゅつ》が向上した。

(5) がまんするにも(**ア** 際限《さいげん》 **イ** 限度 **ウ** 極限 **エ** 限定 **オ** 制限《せいげん》)があるのだから、あまり無理をするのはよくない。

(6) ぼくたちのクラスは、とちゅうの丘《おか》のふもとでとなりのクラスと(**ア** 合成 **イ** 統合 **ウ** 結合 **エ** 合流 **オ** 総合《そうごう》)して、共に目的地を目ざすことになった。

(7) 学校は遊ぶところではなく勉強するところであるという(**ア** 道理 **イ** 要素《ようそ》 **ウ** 理想 **エ** 原則《げんそく》 **オ** 理論《りろん》)を忘《わす》れてはならない。

(8) 機械の性能《せいのう》がよくなったので、本物の音や声に(**ア** 忠実《ちゅうじつ》 **イ** 着実 **ウ** 誠実《せいじつ》 **エ** 実直 **オ** 正確《せいかく》)な録音ができるようになった。

(9) 天気予報《よほう》によると明日から西高東低の(**ア** 共通 **イ** 典型《てんけい》 **ウ** 規則《きそく》 **エ** 定型 **オ** 標準《ひょうじゅん》)的な冬型《がた》の気圧《きあつ》配置になるそうだ。

(10) 多くの国民の願いが国の政治《せいじ》に(**ア** 調和 **イ** 関係 **ウ** 集合 **エ** 反応《はんのう》 **オ** 反映《はんえい》)するようであってほしいものだ。

〔愛光中〕

(1)〔　〕 (2)〔　〕 (3)〔　〕 (4)〔　〕 (5)〔　〕
(6)〔　〕 (7)〔　〕 (8)〔　〕 (9)〔　〕 (10)〔　〕

2 次の(1)〜(4)の文の意味にあてはまる「コウセイ」を、それぞれあとの〈コウ〉・〈セイ〉の中の漢字を組み合わせて作り、その記号で答えなさい。(20点／一つ5点)

(1) 国民の健康の向上にコウセイ労働省が力を入れている。

(2) コウセイな判断《はんだん》による決定に全員が満足した。

(3) コウセイに残るすばらしい作品が、たくさん展示《てんじ》されている。

(4) 会をコウセイする人々の意見を尊重《そんちょう》する。

〈コウ〉ア 交　イ 後　ウ 公　エ 行　オ 構　カ 厚　キ 広

〈セイ〉ア 生　イ 青　ウ 政　エ 世　オ 正　カ 性　キ 成

(1)〔　・　〕　(2)〔　・　〕　(3)〔　・　〕　(4)〔　・　〕

〔実践女子学園中―改〕

3 次の中から、似《に》た意味を表す組み合わせを五組作り、記号で答えなさい。（10点／一つ2点）

ア 納得《なっとく》　イ 普通《ふつう》　ウ 方法　エ 光栄　オ 無事

カ 了解《りょうかい》　キ 向上　ク 安全　ケ 手段《しゅだん》　コ 進歩

サ 一般《いっぱん》　シ 決心

〔　と　〕〔　と　〕〔　と　〕

〔　と　〕〔　と　〕

〔明治学院中〕

4 次の各問いに答えなさい。

(1) 次の□に漢字一字を入れ、反対語、または対照語の関係になるよう、あてはまる漢字を書きなさい。（10点／一つ2点）

① □象―具体　② 遺《い》□―拾得《しゅうとく》　③ 遠心―□心

④ 自立―□存《ぞん》　⑤ □費―節約

①〔　〕②〔　〕③〔　〕④〔　〕⑤〔　〕

(2) 次の熟語《じゅくご》の中で、――線の漢字が一つだけほかと異《こと》なる読み方のものがあります。その語句《ごく》の記号を答えなさい。（10点／一つ2点）

① ア 行者　イ 行動　ウ 励行　エ 行楽　オ 壮行

② ア 姓名　イ 名僧　ウ 著名　エ 功名　オ 名称

③ ア 相続　イ 相互　ウ 相聞　エ 手相　オ 相伴

④ ア 悪人　イ 嫌悪　ウ 最悪　エ 善悪　オ 悪態

⑤ ア 直立　イ 立案　ウ 立命　エ 建《こん》立　オ 公立

①〔　〕②〔　〕③〔　〕④〔　〕⑤〔　〕

〔東海大附属浦安中〕

5 次の(1)～(10)の四字の熟語で、――線の部分が正しいものには○、あやまっているものは正しい漢字に直しなさい。（20点／一つ2点）

(1) 一身同体〔　〕　(2) 意心伝心〔　〕

(3) 口答試問〔　〕　(4) 個別訪問《ほうもん》〔　〕

(5) 絶対絶命〔　〕　(6) 短刀直入〔　〕

(7) 意味深重〔　〕　(8) 独断専行《どくだんせんこう》〔　〕

(9) 年功除列〔　〕　(10) 大同小異《しょうい》〔　〕

〔慶應義塾中等部〕

6 言葉の意味と使い方

学習のねらい

多義語《たぎご》・複合語《ふくごうご》を知り、擬声語《ぎせいご》や擬態語《ぎたいご》をうまく使うと、様子のよくわかる文を書くことができる。また、決まった言い方をする語句《ごく》もある。

月　日

答え➡別さつ9ページ

ステップ1

1 ［多義語］次の――線を引いた言葉の使い方と同じものを選び、記号で答えなさい。

(1) 大阪《おおさか》をたつ。
- ア 台の上にたつ。
- イ 酒をたつ。
- ウ 旅にたつ。

〔　　〕

(2) 心をうたれる。
- ア バッターにうたれる。
- イ 雨にうたれる。
- ウ やさしいことばにうたれる。

〔　　〕

(3) 考えぬく。
- ア 自動車が追いぬく。
- イ 終わりまでやりぬく。
- ウ ジュースのせんをぬく。

〔　　〕

(4) ちえをしぼる。
- ア なみだをしぼる。
- イ ぞうきんをしぼる。
- ウ タオルをしぼる。

〔　　〕

(5) 味をみる。
- ア 空をみる。
- イ 病人をみる。
- ウ 調子をみる。

〔　　〕

(6) 家をきく。
- ア 音楽をきく。
- イ 道をきく。
- ウ 注意をきく。

〔　　〕

(7) 顔色をかえる。
- ア 進路をかえる。
- イ あいさつの言葉にかえる。
- ウ インコならかえる。

〔　　〕

2 ［複合語］次の言葉を組み合わせて、一つのまとまった言葉にして書きなさい。

(1) 持つ・帰る 〔　　〕

(2) いる・すわる 〔　　〕

(3) むす・暑い 〔　　〕

(4) 通る・過《す》ぎる 〔　　〕

3 ［擬声語・擬態語］次の文に合う言葉をあとから選び、記号で答えなさい。

(1) 〔　　〕と雨がふり、さびしい夜だった。
(2) かれらは〔　　〕と話し合っていた。
(3) 〔　　〕と太陽の光がふり注ぐ。
(4) 冬の夜空に〔　　〕と月がかがやいている。
(5) あせを〔　　〕と流して働いていた。
(6) 敵《てき》チームが〔　　〕とせまってくる。

ア さんさん　イ じりじり　ウ しとしと
エ しずしず　オ ポタポタ　カ ひそひそ
キ こうこう　ク くるくる

重要
4 ［決まった言い方］次の(1)～(6)の言葉は、下のア～カのどの言葉につながりますか。――線で結びなさい。

(1) とほうに・　　・ア せまい
(2) きつねに・　　・イ くれる
(3) かたみが・　　・ウ かしげる
(4) 小くびを・　　・エ いない
(5) 人っ子一人・　　・オ つままれる
(6) 耳をそばだてて・　　・カ 聞く

重要
5 ［多義語］「あがる」という言葉はいろいろな意味に使われています。次の文の「あがる」にあてはまるものをあとから選び、記号で答えなさい。

(1) さがしていた犯人《はんにん》がとうとうあがった。〔　　〕
(2) あの人はずいぶんうでをあげている。〔　　〕
(3) 試験場ではあがらないようにやろう。〔　　〕
(4) 学校の名があがればやはりうれしい。〔　　〕
(5) 今日のわりあての仕事があがった。〔　　〕
(6) 湯あがりの牛乳《ぎゅうにゅう》は特別おいしく感じる。〔　　〕

ア 終わりになる　イ 有名になる　ウ つかまる
エ のぼせてぼうっとなる　オ 出る　カ 上達する

6 ［言葉の意味］次の言葉と同じような意味を下の（　）から選び、記号で答えなさい。

(1) そびえる（ア ひそむ　イ そそりたつ　ウ つきたつ　エ よだつ）〔　　〕
(2) ひそむ（ア かくれる　イ しずか　ウ ひそかな　エ ひそひそ）〔　　〕
(3) こわごわ（ア かたい　イ ごつい　ウ おそるおそる　エ いろいろ）〔　　〕
(4) かたわら（ア かたほう　イ かたはら　ウ そば　エ かたち）〔　　〕

ステップ2

月　日
時間 40分
合格 80点
得点　点
答え➡別さつ10ページ

1 次の(1)〜(4)の——線のひらがなと同じ意味のものを、あとから選び、Ⓐ記号で答えなさい。Ⓑまた、その漢字を書きなさい。(16点／一つ2点)

(1) 本の表紙がそってしまった
ア ひげをそっているところだ
イ 海岸にそって歩く
ウ 背中《せなか》がそっている
エ 標識《ひょうしき》にそって進め

(2) 教えをとく
ア 問題をとく
イ くつのひもをとく
ウ 誤解《ごかい》をとく
エ 道をとく

(3) 我《われ》にかえる
ア 顔色をかえる
イ こだまがかえる
ウ 客がかえる
エ 卵《たまご》がかえる

(4) 手をくむ
ア 水をくむ
イ 事情《じじょう》をくむ
ウ 茶をくむ
エ やぐらをくむ

〔普連土学園中〕

(1) Ⓐ　Ⓑ
(2) Ⓐ　Ⓑ
(3) Ⓐ　Ⓑ
(4) Ⓐ　Ⓑ

重要

2 次の(1)〜(14)の語と同じ意味の語を、あとから選び、記号で答えなさい。(28点／一つ2点)

(1) 大同小異《だいどうしょうい》　(2) 即刻《そっこく》　(3) 高圧的《こうあつてき》　(4) 皆目《かいもく》　(5) 相当
(6) 一応《いちおう》　(7) 先刻　(8) 不承不承《ふしょうぶしょう》　(9) 平凡《へいぼん》　(10) 大半
(11) 皮相　(12) 一切　(13) 往年《おうねん》　(14) 由来

ア 月並《つきな》み　イ 似《に》たりよったり　ウ すべて
エ だんまり　オ おおかた　カ ひととおり
キ まるっきり　ク しぶしぶ　ケ すぐに
コ さきほど　サ 当てこすり　シ うわべ
ス たかびしゃ　セ むかし　ソ かなり
タ いわれ

(1)〔　〕 (2)〔　〕 (3)〔　〕 (4)〔　〕 (5)〔　〕
(6)〔　〕 (7)〔　〕 (8)〔　〕 (9)〔　〕 (10)〔　〕
(11)〔　〕 (12)〔　〕 (13)〔　〕 (14)〔　〕

〔青山学院中等部〕

3 次の文の A 〜 C にあてはまる言葉を、あとから選び、適当《てきとう》な形にして答えなさい。(12点／一つ4点)

A〔　〕 B〔　〕 C〔　〕

・相手に自分の手のうちを A れてしまう。
・新チームの来年の実力まで B ことができる。
・こんな実力では最初から相手に C れてしまう。

見届《みとど》ける　見とおす　見くびる　見すかす
見かぎる　見直す　見捨《みす》てる　見回す

〔お茶の水女子大附中〕

4 次にあげた(1)～(10)の説明に合う言葉を、あとから選んで、漢字に直して答えなさい。（20点／一つ2点）

(1) ひろいとる。〔　　〕
(2) 一つのことにうちこみ努力する。〔　　〕
(3) あるもくろみをもってわざとする。〔　　〕
(4) 血すじや生まれ、または本来の性質《せいしつ》。〔　　〕
(5) うまくいって心から満足する。〔　　〕
(6) 金銭《きんせん》や物品の支出《ししゅつ》と収入《しゅうにゅう》。〔　　〕
(7) 何かよさそうなものはないかさがす。〔　　〕
(8) 自分の能力《のうりょく》などに自信をもつ。〔　　〕
(9) 作物ができない、成果があがらない。〔　　〕
(10) 仕事にかかる。〔　　〕

シュウギョウ　カイシン　スジョウ　ブッショク　コイ
シュウトク　スイトウ　フモウ　ジフ　ショウジン

〔頌栄女子学院中〕

5 次のそれぞれの文の○に、適当なひらがなを一字ずつ入れて、文を完成しなさい。（20点／一つ2点）

(1) 人が集まっていると、つい好奇心《こうきしん》に○○れて寄《よ》っていく。
(2) 予報《よほう》どおり夜になって風がだんだん吹《ふ》き○○ってきた。
(3) かれはハアハア白い息をはいて、○○ぎながら坂道をかけ上がってきた。
(4) 道を歩いているとどこかの小犬が人○○っこくじゃれてついてくる。
(5) かれは首を○○げたまま考えこんでいる。
(6) 大気の汚染《おせん》は人間の生命に○○わる大問題だ。
(7) いつまでやっても○○がないからもうやめよう。
(8) かれはさっきから不満そうな顔をして、だまり○○っている。
(9) 自分の欠点を○○にあげて他人のあらさがしをしている。
(10) 今日の内容《ないよう》を○○つまんでお伝えします。

(1)〔　　〕　(2)〔　　〕　(3)〔　　〕　(4)〔　　〕　(5)〔　　〕
(6)〔　　〕　(7)〔　　〕　(8)〔　　〕　(9)〔　　〕　(10)〔　　〕

〔甲陽学院中〕

6 次の〔　〕に漢字を一字ずつ入れて、それぞれの文を完成しなさい。（4点／一つ2点）

(1) すばらしい演技《えんぎ》に思わず〔　　〕をのんだ。
(2) 彼《かれ》の考えは完全で〔　　〕のうちどころがない。

(1)〔　　〕　(2)〔　　〕

〔金城学院中〕

7 慣用句《かんようく》・ことわざ・外来語

学習のねらい

昔から特別な意味をもって使いならされている言葉に、慣用句やことわざがある。また、外国から伝わった言葉で、日本語として使われるようになったものを外来語という。

月　日

答え➡別さつ10ページ

ステップ1

1 [慣用句] 〔　〕に入る漢字一字を、あとから選び、下のような意味になるように完成させなさい。（それぞれ漢字は一回しか使えません。）

(1) 〔　〕が折れる ⟶ 苦労すること。

(2) 〔　〕にかける ⟶ じまんをすること。

(3) 〔　〕が出る ⟶ 予算以上に使うこと。

(4) 〔　〕がかるい ⟶ ぺらぺらとしゃべること。

(5) 〔　〕がいたい ⟶ 聞くのがつらい。

(6) 〔　〕がまわる ⟶ とてもいそがしいこと。

(7) 〔　〕をわる ⟶ かくさずほんとうのことを言う。

目　口　足　鼻　耳　腹《はら》　顔　骨《ほね》

2 [慣用句] 次の慣用句の意味をあとから選び、記号で答えなさい。

(1) お茶をにごす 〔　〕
ア お茶をうまくいれられないこと。
イ いいかげんにその場をごまかすこと。
ウ まちがって伝えること。

(2) 顔が広い 〔　〕
ア つき合いが広く知り合いの人が多いこと。
イ 顔が大きいこと。
ウ 態度《たいど》が大きいこと。

(3) ねこをかぶる 〔　〕
ア うそをつくこと。
イ ねたふりをすること。
ウ おとなしいふりをすること。

(4) 堂々《どうどう》めぐり 〔　〕
ア 行って帰ってくること。
イ 同じことをくり返すこと。
ウ 寺などを参ること。

3 〔ことわざ〕次の言葉には、どんな言葉が続きますか。あとから選び、記号で答えなさい。

(1) 焼け石に……〔　　〕　(2) ぬかに……………〔　　〕

(3) 馬子《まご》にも……〔　　〕　(4) わたりに…………〔　　〕

(5) とうふに……〔　　〕　(6) 泣きつらに………〔　　〕

ア かすがい　**イ** 船　**ウ** 水　**エ** はち　**オ** くぎ

カ 小判《こばん》　**キ** 衣しょう

4 〔外来語〕次の言葉の中から、外来語を八つ選んで、かたかなに直しなさい。

はし　くれよん　ふでばこ　れんず

ざっし　ぴすとる　でんき　ふらすこ

だいこん　おれんじ　もっきん　ぴあの

まないた　ないふ　てぬぐい　はんかち

〔　　〕〔　　〕〔　　〕〔　　〕

〔　　〕〔　　〕〔　　〕〔　　〕

重要

5 〔慣用句〕次の(1)～(7)の言葉の意味をあとから選び、記号で答えなさい。

(1) かぶとをぬぐ…………〔　　〕

(2) 耳をかたむける………〔　　〕

(3) さじを投げる…………〔　　〕

(4) きもを冷やす…………〔　　〕

(5) 顔にどろをぬる………〔　　〕

(6) 折り紙をつける………〔　　〕

(7) 手のうらをかえす……〔　　〕

ア だいじょうぶだと保証《ほしょう》すること。

イ ひどくびっくりすること。

ウ とてもいそがしいこと。

エ 注意してよく聞くこと。

オ こうさんすること。

カ わずかの間にかわってしまうこと。

キ はじをかかせること。

ク 見こみがないとあきらめること。

6 〔ことわざ〕〔　〕に入る動物名をあとから選び、記号で答えなさい。

(1) 〔　　〕の川流れ

(2) 〔　　〕に小判《こばん》

(3) 〔　　〕も歩けばぼうにあたる

(4) 〔　　〕にしんじゅ

(5) 〔　　〕にひかれて善光寺《ぜんこうじ》参り

ア 牛　**イ** 犬　**ウ** 馬

エ ねこ　**オ** ぶた　**カ** かっぱ

ステップ2

月　日

答え⬇別さつ11ページ

時間 30分
合格 80点
得点　点

1 次の(1)～(4)のことわざの意味をあとから選び、記号で答えなさい。(8点／一つ2点)

(1) さわらぬ神にたたりなし〔　〕
(2) 好きこそものの上手なれ〔　〕
(3) 立つ鳥あとをにごさず〔　〕
(4) となりの花は赤い〔　〕

ア たくさんの実のなる木は元気で、さかせる花も赤いものだということ。
イ 他人のものは、なんでもよく見えてうらやましいこと。
ウ 立ち去るものは、後《あと》が見苦しくないように始末すべきであるということ。
エ 好きだというなら、努力して、上手になりなさいということ。
オ 物ごとにかかわりあわなければ、そのことのためにわざわいを受けるようなことはないこと。
カ 好きだということは才能《さいのう》があるからだろうが、上達も自然に早くなるのだということ。
キ 寺にお参りして仏像《ぶつぞう》にさわるとたたりがあるから、さわらないようにしなさいということ。

〔清風中―改〕

重要

2 次の文の内容《ないよう》にあてはまる慣用句《かんようく》をあとから選び、記号で答えなさい。(8点／一つ2点)

(1) この村では彼《かれ》の知り合いがとても多く、彼はみんなによく知られている。〔　〕
(2) 今月は大きな買い物をしたので、赤字になった。〔　〕
(3) わたしは、幼《おさな》なじみには、気をつかわずに、どんなことでも話せる。〔　〕
(4) 彼の必ずうまくいくという話に、だまされてしまった。〔　〕

ア 油を売る　イ 気がおけない　ウ 口車に乗る
エ 足が出る　オ 頭があがらない　カ 顔が広い

〔関東学院六浦中―改〕

3 次の(1)～(5)の〔　〕には、色の名前が入ります。(　)内の意味を参考にし、漢字で答えなさい。(15点／一つ3点)

(1) 〔　〕い目で見る (冷ややかな、またはにくしみのある態度《たいど》をとること)
(2) 〔　〕一点 (多くの男性の中に、ただ一人女性《じょせい》がまじること)
(3) 〔　〕二才 (年わかい男をいやしめて言う言葉)
(4) 〔　〕世界 (一面に雪が積もっている様子)
(5) 〔　〕はじをかく (人前でひどいはじをかくこと)

4 次の(1)～(10)の外来語の意味をあとから選び、記号で答えなさい。(30点／一つ3点)

(1) スケジュール〔　　〕　(2) メッセージ〔　　〕
(3) アピール〔　　〕　(4) ターン〔　　〕
(5) ユニーク〔　　〕　(6) ニックネーム〔　　〕
(7) ターゲット〔　　〕　(8) オークション〔　　〕
(9) メリット〔　　〕　(10) オーソリティ〔　　〕

ア 呼《よ》び名　**イ** 証明《しょうめい》書　**ウ** 利点　**エ** あだ名
オ 権威《けんい》　**カ** 不在《ふざい》証明　**キ** 独自性《どくじせい》　**ク** 競売
ケ 予定　**コ** 向きを変えること　**サ** 訴《うった》えること
シ 伝言　**ス** 標的

〔灘　中〕

重要
5 次の(1)～(5)のことわざと同じ意味で用いられるものを選び、記号で答えなさい。(15点／一つ3点)

(1) ぬかにくぎ
(2) さるも木から落ちる
(3) 一石二鳥
(4) 泣き面《つら》にはち
(5) 急がば回れ

ア 一挙両得
イ 弱り目にたたり目
ウ 弘法《こうぼう》にも筆のあやまり
エ せいては事をしそんじる
オ 二兎《と》を追うものは一兎をも得ず
カ のれんにうで押《お》し
キ ねこに小判《こばん》

(1)〔　　〕　(2)〔　　〕　(3)〔　　〕　(4)〔　　〕　(5)〔　　〕

〔清心中―改〕

6 次の文のA～Hに、あとにあげる慣用句を適当《てきとう》な形に直して入れなさい。(24点／一つ3点)

(1) いつまでも[A]てないで早く仕事にかかろう。
(2) 決して見のがさないように、彼は[B]であたりを見回した。
(3) ルールを無視《むし》するとはスポーツマンの[C]。
(4) 「ほかの人たちはそれほど勉強していないだろう。」と[D]ていると、たいへんな目にあうよ。
(5) ようやく、会場を借りるための話し合いの[E]たようだ。
(6) 時間におくれたので、先輩《せんぱい》にこってり[F]れた。
(7) 何とかして、あいつの[G]てやりたいものだ。
(8) 彼女《かのじょ》は人情《にんじょう》に厚《あつ》いが、短気なのが[H]だ。

青菜に塩　足が出る　油を売る　油をしぼる
うの目たかの目　かさに着る　風上にも置けない
口車に乗る　鼻を明かす　玉にきず
たかをくくる　すみに置けない　目鼻がつく

A〔　　〕　B〔　　〕
C〔　　〕　D〔　　〕
E〔　　〕　F〔　　〕
G〔　　〕　H〔　　〕

〔甲南女子中〕

8 古典に親しむ

学習のねらい

和歌（短歌）は、五・七・五・七・七の三十一音《おん》からできている。俳句《はいく》・川柳《せんりゅう》は、五・七・五の十七音でできている。また、昔からのいわれのある言葉の故事成語《こじせいご》がある。

月　日

答え⬇別さつ11ページ

ステップ1

1 ［俳句］次の俳句について、あとの問いに答えなさい。

①雪とけて　[A]　一ぱいの　子どもかな　　小林《こばやし》　一茶《いっさ》

②菜の花や　月は東に　日は　[B]　に　　与謝《よさ》　蕪村《ぶそん》

③五月雨《さみだれ》を　あつめて　[C]　最上川《もがみがわ》　　松尾《まつお》　芭蕉《ばしょう》

(1) A～Cに入る言葉をあとから選んで書きなさい。

A〔　　〕　B〔　　〕　C〔　　〕

> 南　西　村　野原
> 早し　流して

(2) ①～③の季語をぬき出し、その季節を答えなさい。

	季語		季節
①	〔　　〕	→	〔　　〕
②	〔　　〕	→	〔　　〕
③	〔　　〕	→	〔　　〕

(3) 次の俳句は①～③の俳句と同じ人が作ったものです。だれの作品か〔　〕に①～③の番号を書きなさい。

〔　〕夏草や　つは《(わ)》ものどもが　夢の跡《あと》

〔　〕雀《すずめ》の子　そこのけそこのけ　お馬が通る

〔　〕五月雨や　大河《たいが》を前に　家二軒《けん》

〔　〕荒海《あらうみ》や　佐渡《さど》に横たふ《(とう)》　天の川

〔　〕牡丹《ぼたん》散って　打ちかさなりぬ　二三片《ぺん》

〔　〕次の間に　行灯《あんどん》とられし　こたつかな

重要

2 ［故事成語］次の故事成語はどんな意味をもっていますか。あとから選び、記号で答えなさい。

(1) 五十歩《ごじっぽ》百歩　〔　　〕

(2) 背水《はいすい》の陣《じん》　〔　　〕

(3) 八百長《やおちょう》　〔　　〕

(4) 蛇足《だそく》　〔　　〕

(5) 疑心暗鬼《ぎしんあんき》　〔　　〕

(6) 一日《いちじつ》の長《ちょう》　〔　　〕

(7) 矛盾《むじゅん》　〔　　〕

ア　仲の悪い者がいっしょに居《い》合わせること。
イ　ぐるになってわざと負けること。
ウ　似《に》たりよったりで大きい差がないこと。
エ　これ以上前へ進めないこと。
オ　決死のかくごでことにあたること。
カ　あってもしかたのないよけいなもの。
キ　経験《けいけん》などが少し優《すぐ》れていること。
ク　前後のつじつまが合わないこと。
ケ　疑《うたが》いだすと何も信《しん》じられなくなること。

3 〔短歌〕 次の和歌（短歌）の□の部分には、春・夏・秋・冬の季節が入ります。それぞれ適切《てきせつ》な季節を答えなさい。

(1) □の田の　かりほの庵《いほ》の　とまをあらみ　わがころもでは　露《つゆ》にぬれつつ 〔　　〕

(2) □過《す》ぎて　夏来にけらし　白妙《しろたえ》の　衣《ころも》ほすてふ《（ちょう）》　天《あま》の香具山《かぐやま》 〔　　〕

(3) おくやまに　もみじ踏《ふ》み分け　鳴く鹿《しか》の　声きく時ぞ　□はかなしき 〔　　〕

(4) 君がため　□の野に出でて　若菜《わかな》つむ　わがころもでに　雪は降《ふ》りつつ 〔　　〕

(5) □の夜は　まだ宵《よい》ながら　明けぬるを　雲のいづ《（ず）》こに　月やどるらむ《（ん）》 〔　　〕

---

4 〔短歌〕 次の短歌を読んで、あとの問いに答えなさい。

清水《きよみず》へ祇園《ぎおん》をよぎる桜月夜《さくらづきよ》こよひ《（い）》逢《あ》ふ《（う）》人みなうつくしき
与謝野《よさの》　晶子《あきこ》

(1) この短歌の下《しも》の句を書きぬきなさい。
〔　　〕

(2) 作者の与謝野晶子は、どこで、何をしているのでしょうか。記号で答えなさい。

・どこで 〔　　〕
ア　川の近くで
イ　清水から祇園で
ウ　家の近くで

・何をしている 〔　　〕
ア　夜桜見物をしている
イ　月見をしている
ウ　桜の花を人にわたしている

(3) いろいろな人が歩いているのに、どうして作者は、「逢ふ人みなうつくしき」とよんでいるのでしょうか。あとから選び、記号で答えなさい。 〔　　〕
ア　美しい人たちが目立って見えたから。
イ　夜桜が美しかったので、人もみんなも美しく感じたから。
ウ　夜が暗くてよく見えないから。

ステップ2

月　日
答え➡別さつ12ページ
時間 30分
合格 80点
得点　点

1 次の和歌（短歌）の□に入る季節を〔　〕に漢字で書きなさい。（20点／一つ10点）

(1) ひさかたの　光のどけき　□の日に
しづ心なく　花の散るらむ　紀《きの》　友則《とものり》〔　　〕

(2) 月見れば　千々《ちぢ》にものこそ　悲しけれ
わが身ひとつの　□にはあらねど　大江《おおえの》　千里《ちさと》〔　　〕

〔日本大豊山女子中―改〕

2 次の(1)～(4)の中で「川柳《せんりゅう》」ではないものを一つ選び、番号で答えなさい。（5点）

(1) かみなりを　まねて腹《はら》がけ　やっとさせ
(2) 寝《ね》ていても　うちわのうごく　親心
(3) 春の海　ひねもすのたり　のたりかな
(4) 本降《ほんぶ》りに　なって出てゆく　雨やどり

〔　　〕

〔大妻中―改〕

重要
3 次の俳句《はいく》によまれている季節が、ほかと異《こと》なるものはどれですか。一句選び、番号で答えなさい。（5点）

(1) 海に出て木枯《こがらし》帰るところなし
(2) 小春日や石を噛《か》み居《い》る赤とんぼ
(3) 咳《せき》の子のなぞなぞ遊びきりもなや
(4) 遠山に日の当りたる枯野《かれの》かな
(5) 雪残る頂《いただき》一つ国境《くにざかい》

〔　　〕

〔大妻中―改〕

4 次の故事成語《こじせいご》の意味をあとから選び、記号で答えなさい。（20点／一つ4点）

(1) 杞憂《きゆう》〔　　〕
(2) 他山《たざん》の石〔　　〕
(3) 推敲《すいこう》〔　　〕
(4) 呉越同舟《ごえつどうしゅう》〔　　〕
(5) 温故知新《おんこちしん》〔　　〕

ア 文章を練り直すこと。
イ 取りこし苦労。
ウ 負けおしみの強いこと。

エ　どんなものでも自分をみがくのに役立つこと。
オ　似《に》たりよったり。
カ　仲の悪い者同士が同じ所にいること。
キ　過去《かこ》の事柄《ことがら》を学んで、そこから新しい意味を見つけること。

〔江戸川学園取手中―改〕

5 次の□に漢字を入れて故事成語を完成させ、その意味をあとから選び、〔　〕に記号で答えなさい。（20点／一つ2点）

(1) 漁夫の□　〔　　〕
(2) 登竜《とうりゅう》□　〔　　〕
(3) 四□楚《そ》歌　〔　　〕
(4) 背《はい》□の陣《じん》　〔　　〕
(5) 馬耳東□　〔　　〕

ア　どちらを向いても、てきばかりであること。
イ　立身出世のためのむずかしい関門のこと。
ウ　人の意見に感じることなく、聞き流していること。
エ　第三者が利益《りえき》を横取りすること。
オ　決死の覚ごで物事にあたること。

6 次の俳句について、あとの問いに答えなさい。

閑《しず》かさや　岩にしみ入る　蟬《せみ》の声　　松尾《まつお》　芭蕉《ばしょう》

(1) この句の季語と季節を答えなさい。（完答10点）
・季語〔　　〕
・季節〔　　〕

(2) この俳句によってよまれている場面は、どんな様子ですか。（10点）
〔　　〕

7 次の和歌（短歌）は、どんなことをうたったものですか。（10点）

秋来ぬと　目にはさやかに　見えねども
風の音にぞ　おどろかれぬる
藤原《ふじわらの》　敏行《としゆき》

※秋来ぬ＝秋が来た。　さやかに＝はっきりと。

〔　　〕

STEP 3

ステップ3

6〜8

月　日

答え➡別さつ12ページ

時間 30分　合格 80点　得点　点

1 次の――線を引いた言葉の使い方と同じものを選び、記号で答えなさい。（16点／一つ4点）

(1) あつい スープ。
　ア あつい本を借りる。
　イ 毎日、あつい日が続く。
　ウ あつい湯に入る。

(2) 勝利をおさめる。
　ア 税金《ぜいきん》をおさめる。
　イ ボールを箱におさめる。
　ウ 学問をおさめる。

(3) 道の広さをはかる。
　ア 身長をはかる。
　イ 時間をはかる。
　ウ 体重をはかる。

(4) 委員長をつとめる。
　ア 司会をつとめる。
　イ 会社につとめる。
　ウ ミスをしないようにつとめる。

(1)〔　〕 (2)〔　〕 (3)〔　〕 (4)〔　〕

重要

2 次の文章の――線(1)〜(5)の内容《ないよう》を意味としてもつ「ことわざ」を、あとから選び、記号で答えなさい。（15点／一つ3点）

　たとえよいことをしても、それはなかなか人に知られるものではありません。ところが、(1)いったん悪いことをしたとなるとたちまちそれは世間に広まります。そして人々は、(2)自分のしたことだから罰《ばっ》せられるのはあたりまえ、当然のむくいだと冷たくあしらいます。それどころか、ふだんその人と親しい人までも(3)「かかわりあうとんだことになる」と知らん顔をします。人間は、(4)慎重《しんちょう》の上にも慎重に行動しなければなりません。しかし、またよくしたもので、(5)二、三か月もしないうちに、けろりとわすれてしまうものです。

ア さわらぬ神にたたりなし　　イ 悪事千里《あくじせんり》を走る
ウ 人のうわさも七十五日　　エ 自業自得《じごうじとく》
オ 石橋をたたいてわたる　　カ 言わぬが花

(1)〔　〕 (2)〔　〕 (3)〔　〕 (4)〔　〕 (5)〔　〕

〔女子聖学院中〕

3 次の意味を表す故事成語《こじせいご》をあとから選び、記号で答えなさい。（24点／一つ4点）

(1) 人生の幸せや不幸せは予測することができない。
(2) 詩や文章などにまちがいが多い。
(3) 書物やえい画などの中で、最もすぐれている部分。
(4) 苦労して勉学にはげむ。
(5) すぐれた人物は、年をとってから成功する。
(6) 古い風習やしきたりにとらわれて、進歩がない。

ア 杜撰《ずさん》　イ 塞翁《さいおう》が馬　ウ 大器晩成《たいきばんせい》
エ 圧巻《あっかん》　オ 守株《しゅしゅ》　カ 蛍雪《けいせつ》の功《こう》

(1)〔　　〕 (2)〔　　〕 (3)〔　　〕
(4)〔　　〕 (5)〔　　〕 (6)〔　　〕

4 次の慣用句《かんようく》の□に共通して入る漢字一字を書きなさい。（15点／一つ5点）

(1) □が早い・□がいたい・□をそろえる 〔　　〕
(2) □もくれない・□に余《あま》る・□をつぶる 〔　　〕
(3) □が重い・□にくわない・□を配る 〔　　〕

5 次の文の――線と同じ意味の外来語をあとから選び、記号で答えなさい。（30点／一つ3点）

(1) 山田《やまだ》さんは水泳が得意だ。
(2) クラス全員の走る速さを記録する。
(3) つくえの上をきれいにそうじする。
(4) 友達《ともだち》におくり物をわたす。
(5) 夏休みにとまる宿について調べる。
(6) 給食の献立《こんだて》を楽しみにする。
(7) 大さじ一ぱいのさとうを入れる。
(8) 百貨店で買い物をする。
(9) 食堂でステーキを食べる。
(10) お母さんに伝言を残す。

ア デスク　イ メニュー　ウ プレゼント
エ スイミング　オ スピード　カ メッセージ
キ スプーン　ク ホテル　ケ レストラン
コ デパート

(1)〔　　〕 (2)〔　　〕 (3)〔　　〕 (4)〔　　〕 (5)〔　　〕
(6)〔　　〕 (7)〔　　〕 (8)〔　　〕 (9)〔　　〕 (10)〔　　〕

9 言葉のきまり ①

学習のねらい

文には構造上《こうぞうじょう》、単文・複文《ふくぶん》・重文があり、意味上では、平叙《へいじょ》文《ぶん》・疑問文《ぎもんぶん》・命令文・感動文がある。また、文は主語・述《じゅつ》語《ご》・修飾語《しゅうしょくご》で組み立てられている。

月　日

答え⬇別さつ13ページ

ステップ 1

1 [文節] 次の文は、いくつの文節からできていますか。算用数字で答えなさい。

(1) わたしは、えんぴつとノートを買いました。

(2) ぼくは、来月東京へ行く。

(3) あの海はいつ見てもおだやかだ。

(4) これは、先生からいただいた本です。

(5) かれは、クラスでせがいちばん高い。

(1)〔　　〕 (2)〔　　〕 (3)〔　　〕 (4)〔　　〕 (5)〔　　〕

2 [文の種類] 次の文は、あとのア〜ウのどの種類にあたりますか。記号で答えなさい。

(1) 鳥が鳴く。……〔　　〕

(2) 雨がふり、風がふく。……〔　　〕

(3) これは、わたしがかいた絵です。……〔　　〕

(4) 花がさき、鳥が鳴く。……〔　　〕

(5) ぼくは、大きな犬をかっている。……〔　　〕

ア 単文　イ 重文　ウ 複文

3 [文の種類] 次の文の種類は、あとのア〜エのどれにあたりますか。記号で答えなさい。

(1) 早くねなさい。……〔　　〕

(2) 週末には、どこへ行きますか。……〔　　〕

(3) まあ、なんてすばらしい作品でしょう。……〔　　〕

(4) わたしは、高校三年生です。……〔　　〕

(5) いつ、お帰りになりましたか。……〔　　〕

ア 平叙文　イ 疑問文　ウ 命令文　エ 感動文

4 [主語と述語] 次の文の主語、述語を書きなさい。

例 わたしの母はりんごがすきだ。

主語（母は）　述語（すきだ）

(1) かびんに美しい花がさされた。

(2) むすめは水色の着物を着ました。

(3) すがすがしい朝の空気をぼくはすいました。

(4) かれは喜んでアメリカにわたった。
(5) すると母はわらいながらこう答えました。
(6) 川のむこうの林は、かすんで見えない。

(1) 主語〔　　　〕 述語〔　　　〕
(2) 主語〔　　　〕 述語〔　　　〕
(3) 主語〔　　　〕 述語〔　　　〕
(4) 主語〔　　　〕 述語〔　　　〕
(5) 主語〔　　　〕 述語〔　　　〕
(6) 主語〔　　　〕 述語〔　　　〕

重要

5

[修飾語] 次の文の——線を引いた言葉は、どの言葉をくわしく説明していますか。文中に〰〰線を引きなさい。

(1) 美しい、真《ま》っ赤《か》な 花が さいています。
(2) いきなり、冷たい 水を そそいだ。
(3) そよ風が そっと ほおを なでました。
(4) ふいに 町の 時計台の 時計が、十二時を 打った。
(5) わたしは、いま、社会科で 漁業について、勉強しています。

重要

6

[文の組み立て] 次の文を例にならって、ア主語・イ述語・ウ修飾語に分けて、記号で答えなさい。

例 大きな 川が 静かに 流れる。
（ウ）（ア）（ウ）（イ）

(1) 父が おもしろい 本を くれた。
〔　〕〔　〕〔　〕〔　〕
(2) 四階建ての すばらしい 家が 完成した。
〔　〕〔　〕〔　〕〔　〕
(3) 母は すみずみまで ていねいに そうじする。
〔　〕〔　〕〔　〕〔　〕
(4) すばらしい 景色が どこまでも 続いている。
〔　〕〔　〕〔　〕〔　〕

7

[常体《じょうたい》と敬体《けいたい》] 次の文の——線を引いた部分を言いかえて、常体を敬体に直しなさい。

例 気持ちを想像《そうぞう》しながら読もう。 〔読みましょう〕
(1) きっと気に入らないのだろう。 〔　　　〕
(2) 雪は、すべるように流れていった。 〔　　　〕
(3) 急いでタクシーをよんでくれ。 〔　　　〕
(4) 前にも、見たことがあった。 〔　　　〕
(5) 学校へ行くのはなんとなくいやだった。 〔　　　〕
(6) 決してばかにしたわけではない。 〔　　　〕
(7) これでは、めちゃくちゃだね。 〔　　　〕
(8) いつのまにか遊びに出てしまうんだ。 〔　　　〕

ステップ 2

月　日　答え↓別さつ13ページ

時間 30分　合格 80点　得点　点

1 次の文の――線の語の中から主語と述語《じゅつご》を見つけて、主語・述語の順に記号で答えなさい。(24点/一つ3点)

(1) ア むずかしくて イ とても ウ できません、 エ ぼくには。

(2) ア 突然《とつぜん》 イ 聞こえたのは、 ウ だれかの エ ピアノを オ ひく カ 音だった。

(3) ア 春子さん、 イ 今日の ウ あなたの エ 発表は オ 非常《ひじょう》に カ すばらしい。

(4) ア 先生は、 イ 子供たちを ウ 指揮《しき》して エ 先頭に オ 立った。

主語 (1)〔　〕 (2)〔　〕 (3)〔　〕 (4)〔　〕

述語 (1)〔　〕 (2)〔　〕 (3)〔　〕 (4)〔　〕

〔淑徳中〕

2 次の(1)~(5)の文の説明として適切《てきせつ》なものを、あとから選び、記号で答えなさい。(15点/一つ3点)

(1) 森の外れでツグミが鳴いています。〔　〕

(2) 父はたばこは吸《す》うが酒は飲まない。〔　〕

(3) 春は来たけれども、寒さはまだ厳《きび》しい。〔　〕

(4) 暖《あたた》かい、よく晴れた日でした。〔　〕

(5) 入学したばかりの一年生が、大きな声で元気に本を読んでいる。〔　〕

ア 主語がない文。

イ 主語が一つ、述語が一つの文。

ウ 主語が一つ、述語が二つの文。

エ 主語、述語の組が二組ある文。

〔共立女子第二中〕

重要

3 次の①~⑤の文について、あとの問いに答えなさい。

① なかなか、 思いどおりに 願いが かなわない。

② もえるように 美しい 花なのに とげが あった。

③ 青うなばらを なめらかに 走る 白い ヨット。

④ エピメテウスは くやしそうに しずんでゆく 日輪を ながめました。

⑤ 小さい 弟も おもしろがって いっしょに 働きました。

(1) 各文から、「主語」にあたる文節をすべてぬき出しなさい。(15点/一つ3点)

①〔　〕 ②〔　〕

③〔　　〕　④〔　　〕

⑤〔　　〕

(2) 各文で──線をつけた「修飾《しゅうしょく》」の文節は、どの文節にかかっているか、ぬき出しなさい。（15点／一つ3点）

①〔　　〕　②〔　　〕

③〔　　〕　④〔　　〕

⑤〔　　〕

4 次の(1)、(2)と同じ続き方になっているものを、あとから選び、記号で答えなさい。（10点／一つ5点）

(1) 今年の　冬は　たいへん　寒い。

(2) 赤い　バラが　きれいに　さいた。

心が荒《あ》れていくのをふせぐには、美しく清らかで（ア）、心あたたまるような物語を幼《おさな》い（イ）日から、読み聞かせることが大切である（ウ）と思う。なぜなら、いい物語は心をどきどきさせたり、しみじみと涙《なみだ》を流させる（エ）ほどの強い感動をあたえてくれる（オ）からである。

(1)〔　　〕　(2)〔　　〕

〔西南女学院中〕

5 次の文は、「　」で示《しめ》した一文の組み立てを説明したものです。文中の[A]～[C]にそれぞれあてはまる言葉を、「　」で示した一文の中からぬき出して答えなさい。（9点／一つ3点）

次の文の主語は「ぼうしが」で、述語は「[A]」です。主語を修飾していることばは「[B]」で、「[C]」は述語を修飾していることばです。

「あっ、春風に　少女の　ぼうしが　とばされた。」

A〔　　〕　B〔　　〕　C〔　　〕

〔実践女子学園中〕

6 次の文の主語と述語を書きなさい。（12点／一つ3点）

(1) あなたは春一番に咲《さ》く花の名前を知っていますか。

(2) 校庭にある桜《さくら》の花がようやく咲いた。

(1) 主語〔　　〕　述語〔　　〕

(2) 主語〔　　〕　述語〔　　〕

〔高知中〕

10 言葉のきまり②

月　日

答え➡別さつ14ページ

学習のねらい

単語をその性質《せいしつ》によって分類したものを品詞《ひんし》という。ものを指していう言葉を指示語《しじご》、文と文をつなぐ言葉を接続語《せつぞくご》（つなぎ言葉）という。

ステップ1

1 〔動詞〕次の言葉を、例のように「…すれば」という形にしなさい。

例 書く〔　書けば　〕

(1) 作る〔　　〕　(2) 行く〔　　〕

(3) 見る〔　　〕　(4) 来る〔　　〕

(5) 返す〔　　〕　(6) 進む〔　　〕

2 〔動詞〕次の〔　〕にどんな言葉を入れたらよいですか。例にならって書きなさい。

例 赤ちゃんが　起きる。／赤ちゃんを　〔起こす〕。

(1) 水が〔　　〕。／水を　流す。

(2) 木が〔　　〕。／木を　たおす。

(3) 弟が　泣く。／弟を〔　　〕。

(4) 戸が　開く。／戸を〔　　〕。

重要

3 〔指示語〕次の文中の――線のある言葉は、何を指していますか。文中からぬき出しなさい。

その坂を向こうへ下りきると、また同じような茶店があった。土工たちが、(1)その中へ入った後、良平《りょうへい》はトロッコに腰《こし》をかけながら、帰ることばかり気にしていた。茶店の前には花の咲《さ》いたうめに、西日の光が消えかかっている。もう日がくれる。(2)かれは(3)そう考えると、ぼんやり腰かけてもいられなかった。トロッコの車輪をけってみたり、ひとりでは動かないのを承知《しょうち》しながら、うんうん(4)それをおしてみたり、そんなことに気をまぎらせていた。（芥川《あくたがわ》 龍之介《りゅうのすけ》「トロッコ」）

(1)〔　　〕

(2)〔　　〕

(3)〔　　〕

(4)〔　　〕

4 [接続語] 〔　〕に合う接続語（つなぎ言葉）を、あとから選んで書きなさい。

(1) 雨がはげしくふりだした。〔　　〕、風もふきだした。

しかし・または・さらに

(2) ホームランを打った。〔　　〕、試合は負けた。

しかし・だから・すると

重要 **5** [接続語] 次の文の A ～ D にあてはまる接続語（つなぎ言葉）はどれですか。あとから選び、記号で答えなさい。

遠くのものを取るには、うでをのばせばよい。 A 、私《わたくし》たちのうででは、いくらのばしても知れたものだ。 B 、うでの代わりに柄《え》をのばすのだ。 C 、柄を長くすればするほど道具の先は遠くへとどくのだ。 D 、井戸《いど》のつるべや魚をとる網《あみ》などは、私たちのうでの代わりとなってのびたものだ。

ア そこで　**イ** さて　**ウ** しかし　**エ** それでも
オ そのうえ　**カ** たとえば

A □　B □　C □　D □

[筑波大附属駒場中]

6 [品詞・形容詞《けいようし》] 次の文について、あとの問いに答えなさい。

ア絵本　**イ**は　**ウ**とても　**エ**楽しい　**オ**です。

(1) 形の変わらない言葉を三つ、記号で答えなさい。〔　〕〔　〕〔　〕

(2) 形容詞はどれですか。記号で答えなさい。〔　〕

(3) **エ**の言葉を、次のそれぞれの文に合う形にして書きなさい。

① 昨日は、山登りをして、とても〔　　〕すごしました。

② 昨日は、とても〔　　〕たね。

③ 明日も、〔　　〕ばいいのにね。

④ 日曜日の〔　　〕ひとときのことでした。

7 [品詞] 次の〔　〕には、一つだけちがった種類の言葉があります。その言葉を選び、記号で答えなさい。

(1) 〔**ア** おそい　**イ** 深い　**ウ** 話し合い　**エ** 高い〕〔　〕

(2) 〔**ア** 読む　**イ** 書く　**ウ** 見る　**エ** そろばん〕〔　〕

(3) 〔**ア** 静かだ　**イ** 大人《おとな》だ　**ウ** 明らかだ　**エ** 清らかだ〕〔　〕

(4) 〔**ア** 工場　**イ** 集合　**ウ** 見学する　**エ** 解散《かいさん》〕〔　〕

STEP 2

ステップ2

月　日

時間 30分　合格 80点　得点　点

答え⬇別さつ14ページ

1 次の言葉から、動詞《どうし》、形容詞《けいようし》、形容動詞を二つずつ選び、記号で答えなさい。（15点・各完答／一つ5点）

ア 美しい　**イ** きれいだ　**ウ** 大きな　**エ** 動く

オ あらゆる　**カ** やわらかい　**キ** にぎやかな

ク 囲む　**ケ** 動物園　**コ** ところが

(1) 動　詞　〔　〕と〔　〕

(2) 形容詞　〔　〕と〔　〕

(3) 形容動詞　〔　〕と〔　〕

〔佐賀大附中〕

2 次の文の□に入る最も適切《てきせつ》な接続語《せつぞくご》（つなぎ言葉）をあとから選び、記号で答えなさい。ただし、同じものは二回使えません。（15点／一つ3点）

・寒くなった［A］、窓《まど》を閉《し》めなさい。

・毎日練習する［B］、野球もきっと上手になるだろう。

・難《むずか》しい［C］、とにかくやってみよう。

・山田《やまだ》君に聞け［D］、そのことを知っているかもしれない。

・始発の電車［E］、約束の時間に間に合うだろう。

ア ば　**イ** ても　**ウ** と　**エ** けれど　**オ** から　**カ** なら

A〔　〕　B〔　〕　C〔　〕　D〔　〕　E〔　〕

〔宮崎大附中〕

重要

3 次のア〜セについて、あとの問いに答えなさい。

品詞とその働き

- 自立語
  - ［A］の中心になる
    - ※動詞　①〔　〕と〔　〕
    - ※形容詞　②〔　〕と〔　〕
    - ※形容動詞　③〔　〕と〔　〕
  - ［B］になる
    - 名詞　④〔　〕と〔　〕
  - Aを修飾《しゅうしょく》できる
    - 副詞　⑤〔　〕と〔　〕
- 付属《ふぞく》語
  - ※助動詞　⑥〔　〕と〔　〕
  - 助詞　⑦〔　〕と〔　〕

ア 動く　**イ** やっと　**ウ** 静かだ　**エ** 苦しい　**オ** ことば

カ 文章　**キ** 美しい　**ク** だ　**ケ** 止まる　**コ** 元気だ

サ とても　**シ** は　**ス** です　**セ** の

(1) ①〜⑦にあてはまるものを選び書きなさい。（14点／一つ1点）

(2) A・Bに「主語」か「述語《じゅつご》」のどちらかを書きなさい。（2点／一つ1点）

A〔　〕　B〔　〕

(3) ※印のついた品詞は、どういう点で共通していますか。（4点）

〔　〕

4 次の——線の言葉を適当《てきとう》な形に書きかえて〔　〕に入れ、文の意味が通るようにしなさい。(15点／一つ3点)

(1) 鳥が飛ぶ。…………子供《こども》が紙飛行機を〔　　〕。

(2) 友人を映画《えいが》にさそう。…友人から映画に〔　　〕。

(3) 今日は天気がよい。……もし、明日天気が〔　　〕、でかけよう。

(4) 生徒が話をする。………校長先生が話を〔　　〕。

(5) この公園はいつも静かだ。…かのじょはいつも〔　　〕おとなしい。

(西南女学院中—改)

5 次の——線の言葉は、使い方によって形が変わります。もとの形（言い切りの形）を〔　〕に書きなさい。(15点／一つ3点)

(1) 今日から、二学期が始まった。〔　　〕

(2) 空はよく晴れて、あたたかかった。〔　　〕

(3) この花がさいたら、さぞ美しかろう。〔　　〕

(4) 夜ふけの公園は、とても静かだろう。〔　　〕

(5) 今日は、これで失礼しましょう。〔　　〕

6 次の文について、あとの問いに答えなさい。

㋐青い　島が　㋑ぼんやり　㋒見える。

(1) ㋐〜㋒の言葉の品詞名を〔　〕に書きなさい。また、それぞれがどんなはたらきをしているか、あとから選び、□に記号で答えなさい。(6点・各完答／一つ2点)

㋐〔　　〕□　㋑〔　　〕□　㋒〔　　〕□

A 主語である　B 主語を修飾《しゅうしょく》する

C 述語である　D 述語を修飾する

(2) 「島」の品詞名を答えなさい。(2点)〔　　〕

7 次の(1)〜(4)のア〜エの——線のうち、ほかと異質《いしつ》なものを選び、記号で答えなさい。(12点／一つ3点)

(1)〔　〕(2)〔　〕(3)〔　〕(4)〔　〕

(1) ア 行ける　イ 泳げる　ウ 書ける　エ 食べる

(2) ア 集まる　イ 残す　ウ 閉《し》める　エ 開ける

(3) ア 動かない　イ 見えない　ウ 来ない　エ 仕方がない

(4) ア 彼《かれ》は学者である。　イ あの花はまっ白である。　ウ 彼は正直である。　エ 町はとてもにぎやかである。

(洛南高附中—改)

11 敬《けい》語《ご》

月　日

答え⬇別さつ15ページ

学習のねらい

「です・ます」のていねい語や、相手の動作・状態《じょうたい》・物事をうやまった言い方の尊敬語《そんけいご》、自分がへりくだる言い方のけんじょう語がある。

ステップ1

重要

1 〔敬語の種類〕次の——線の言葉は、ア〜ウのうちのどれですか。記号で答えなさい。

(1) ごはんをいただく。
(2) おっしゃるとおりです。
(3) 行きます。
(4) 東京にいらっしゃる。
(5) お話をうけたまわる。
(6) よくぞんじております。
(7) わたくしがいたします。
(8) お手紙を拝見《はいけん》する。
(9) どうぞ、めしあがってください。
(10) お目にかかれて、こうえいです。

(1)〔　〕(2)〔　〕(3)〔　〕(4)〔　〕(5)〔　〕
(6)〔　〕(7)〔　〕(8)〔　〕(9)〔　〕(10)〔　〕

ア 尊敬語　イ けんじょう語　ウ ていねい語

2 〔ていねい語〕——線の言葉を例にならって、ていねいな言い方に直しなさい。

例 兄が「明日は、雨だろう。」と言った。〔 言いました 〕

(1) みんなによくわかるように発表した。〔　〕
(2) 急いでタクシーをよんでくれ。〔　〕
(3) 登場人物の気持ちを考えて読もう。〔　〕
(4) 前にも何度か行ったことがある。〔　〕

3 〔尊敬語〕次の——線を引いた言葉を、尊敬語（うやまいの意味をもった言い方）に直しなさい。

例 「そろそろ行こうか。」と言う。〔 おっしゃる 〕

(1) みかんを食べる。〔　〕
(2) 家にいる。〔　〕
(3) 七時にねる。〔　〕
(4) 病気で死ぬ。〔　〕
(5) 絵画を見る。〔　〕
(6) 着物を着る。〔　〕

4 〔けんじょう語〕次のけんじょう語の——線を引いた部分を、ふつうの言い方に直しなさい。

例 わたしが申しあげます。〔 言う 〕

(1) そうじをいたします。〔　〕

(2) 絵を拝見《はいけん》させてください。〔　　〕

(3) 急いでまいります。〔　　〕

(4) おみやげをちょうだいしました。〔　　〕

(5) おいしくいただきました。〔　　〕

5

〔敬語の使い方〕次の文の――線を引いた言葉を、正しい敬語表現《ひょうげん》となるように書きかえなさい。

(1) 先生は本が好きですか。

(2) 私《わたし》は先生から本をもらいました。

(3) 私の母が先生によろしくと言っていました。

(1)〔　　〕

(2)〔　　〕

(3)〔　　〕

〔日本大第二中〕

6

〔敬語の使い方〕次の文は生徒が先生に話したものです。――線をつけた言葉を正しい言い方に直しなさい。

(1) 田中《たなか》さんの①祖母《そぼ》がご病気だ②そうだ。

(2) 先生、このケーキ③おいしいよ。④いただきますか。

(3) 私は⑤お父さんとサンフランシスコに行って⑥来ました。

(4) 先生の⑦することに私たちも協力⑧します。

(5) 夏休みに⑨なったら、先生のお宅《たく》に⑩行きます。

①〔　　〕　②〔　　〕

③〔　　〕　④〔　　〕

⑤〔　　〕　⑥〔　　〕

⑦〔　　〕　⑧〔　　〕

⑨〔　　〕　⑩〔　　〕

〔芦屋大附中〕

7

〔敬語の使い方〕敬語には大きく分けて、「ていねい語」「尊敬語」「けんじょう語」の三つの使い方があります。そのことを考え、「青木《あおき》さんが大石《おおいし》さんのところに行った。」という文を次の(1)～(4)の言い方で表現すると、どのようになりますか。あとから選び、記号で答えなさい。

(1) 聞き手（読み手）に対してていねいな言い方。

(2) 青木さんを尊敬した言い方。

(3) 大石さんを尊敬して青木さんをへりくだらせた言い方。

(4) 青木さんを尊敬して聞き手（読み手）に対してていねいな言い方。

ア 青木さんが大石さんのところにうかがった。

イ 青木さんが大石さんのところに行かれた。

ウ 青木さんが大石さんのところに行かれました。

エ 青木さんが大石さんのところに行きました。

(1)〔　　〕 (2)〔　　〕 (3)〔　　〕 (4)〔　　〕

〔神戸山手女子中〕

ステップ2

月 日 答え⬇別さつ15ページ

時間 30分 合格 80点 得点 点

1 次の文で、敬語《けいご》の使い方として正しいものには○を、まちがっているものは例にならって訂正《ていせい》しなさい。(15点／一つ3点)

例 先生が言った。(× 言った→おっしゃった)

(1) おとうさんは、今、出かけております。
(2) 先生は、昨日ご出発になりました。
(3) どうぞごゆっくり食べてください。
(4) 先生が、わたしの欠席の理由を聞いた。
(5) そのことはわたしがなさいました。

(1)〔 〕
(2)〔 〕
(3)〔 〕
(4)〔 〕
(5)〔 〕

〔明治学院中〕

2 次の言い方は、敬語の三つの種類のどれにあたりますか。尊敬語《そんけいご》であればA、けんじょう語であればB、ていねい語であればCと、書きなさい。(15点／一つ3点)

(1) 昨日、友達に会いました。
(2) 「あ！ 先生がいらっしゃった！」
(3) 先生から本をいただいた。
(4) 「先生、わたしが参ります。」
(5) 「聖子《せいこ》さん、明日お父さんは学校に来られますか。」

(1)〔 〕 (2)〔 〕 (3)〔 〕 (4)〔 〕 (5)〔 〕

〔聖徳大附属聖徳中〕

3 敬語について、次の問いに答えなさい。

(1) 次の文は、敬語の使い方として適切《てきせつ》でないところが一か所あります。直さなければならない部分をぬき出し、その下に直した言葉を書きなさい。(5点)

「先生、明日、おかあさんが学校に参ります。」

〔 → 〕

(2) 次の――線の「申す」について、あとのどれにしたらよいか、最も適切なものを選び、記号で答えなさい。(5点)

「先生の申すとおりです。」

ア このままでよい。
イ 「申される」に直す。
ウ 「おっしゃる」に直す。
エ 「お言いになる」に直す。

〔 〕

〔広島大附属東雲中〕

4 次の文の(1)～(3)までの、それぞれにあげた三つの言葉づかいの適当なものを選び、記号で答えなさい。(6点／一つ2点)

「先生、しばらくです。覚えて(1)(ア いますか イ いらっしゃいますか ウ いてくれましたか)。三年前に卒業した山田《やまだ》です。これからどちらに(2)（ア　まいるのですか　イ　いくのですか　ウ　おいでになるのですか）。ここが私《わたくし》の家なんです。ちょっと寄《よ》って(3)（ア　くださいませんか　イ　いきませんか　ウ　もらえませんか）。」

(1)〔　　〕　(2)〔　　〕　(3)〔　　〕

〔筑波大附属駒場中〕

5 次の文の――線の言葉は相手を敬《うやま》って使っています。これをふつうの言葉に言いかえたら、どんな言葉になりますか。例にならって下の〔　〕に書きなさい。（24点／一つ4点）

例　先生は、職員室《しょくいんしつ》でお仕事をなさる。〔する〕

(1) ア　父の会社のかたがむこうからいらっしゃる。〔　　〕
　イ　校長先生は毎日曜日教会へいらっしゃる。〔　　〕

(2) ア　先生から卒業記念に本をいただく。〔　　〕
　イ　お友だちの家で、みんなといっしょにごちそうをいただく。〔　　〕

(3) ア　先生のお話をうかがう。〔　　〕
　イ　午後三時ごろ、お宅《たく》へうかがいます。〔　　〕

〔静岡英和女学院中―改〕

6 次の敬語をふつうの言い方に直しなさい。（10点／一つ2点）

(1) めしあがる〔　　〕
(2) お目にかける〔　　〕
(3) お目にかかる〔　　〕
(4) ごらんになる〔　　〕
(5) うけたまわる〔　　〕

7 次のそれぞれの文中にある――線(1)～(9)には、敬語の使い方の不適当なものが五つあります。その番号を答え、正しく書き直しなさい。（20点／一つ2点）

・「横浜《よこはま》から(1)お越《こ》しの井上《いのうえ》さん、(2)おりましたら受付まで(3)ご連絡《れんらく》ください。」
・「先生は昨年の横浜博覧会《はくらんかい》に(4)参りましたか。残念ながら、ぼくは行けませんでした。」
・「明治《めいじ》中学校にはどのように行ったらよろしいのですか。」「私はあいにく(5)存《ぞん》じておりませんので、その先の交番で(6)うかがってください。」
・「料理がさめないうちに、えんりょなさらずに(7)いただいてください。」
・「ケース内の商品を(8)拝見《はいけん》したい方は、どうぞ係員に(9)お申しつけください。」

〔　　〕→〔　　〕
〔　　〕→〔　　〕
〔　　〕→〔　　〕
〔　　〕→〔　　〕
〔　　〕→〔　　〕

〔明治大附属明治中〕

月　日

答え↓別さつ16ページ

時間 30分
合格 80点
得点　　点

重要

1 次の文を、接続語《せつぞくご》を使って、同じ意味の二つの文に分けなさい。(20点／一つ4点)

(1) わたしは、劇《げき》をすることに賛成《さんせい》しましたが、決まったあとでなんだか気分がすっきりしません。

〔　　　　〕

(2) うで時計がこわれたので、時計屋さんに修理《しゅうり》をしてもらった。

〔　　　　〕

(3) 家族で山に行きましたが、雨も風も強くて登山ができませんでした。

〔　　　　〕

(4) 大雪でバスが来ないので、学校におくれそうだ。

〔　　　　〕

(5) わたしは絵を見ることが好きだし、かくことも好きだ。

〔　　　　〕

2 次の――線の言葉は、どの意味をもっていますか。あとから選び、記号で答えなさい。(16点／一つ2点)

(1) 弟に本を取りに行か<u>せる</u>。〔　〕
(2) 一度、ぜひ外国へ行き<u>たい</u>。〔　〕
(3) 今日も雨が降《ふ》ら<u>ない</u>。〔　〕
(4) 明日こそ雨が降り<u>そうだ</u>。〔　〕
(5) 後ろのほうから声をかけ<u>られる</u>。〔　〕
(6) この漢字はすぐに覚え<u>られる</u>。〔　〕
(7) 満月は丸くてまるでお盆《ぼん》の<u>ようだ</u>。〔　〕
(8) 良子《りょうこ》さんは、学校を休んだ<u>そうだ</u>。〔　〕

ア おしはかっている。　イ 伝え聞いている。
ウ たとえている。　エ 「受け身」である。
オ 「使役《しえき》」の形。　カ 「可能《かのう》」を表す。
キ 「打ち消し」の形。　ク 希望を述《の》べている。

3 次の文の組み立てを、あとから選び、（　）に記号で答えなさい。また、単文・重文・複文《ふくぶん》の区別を〔　〕に書きなさい。(12点／一つ2点)

(1) ぼくは、本を全部で五冊《さつ》買いました。（　）〔　〕

(2) ぼくが買った本は、全部で五冊でした。（　）〔　〕

(3) ぼくは本を買ったが、弟はノートを買った。（　）（　）〔　　〕

ア 主語＝述語《じゅつご》
イ ［主語＝述語］→主語＝述語
ウ 主語＝述語、主語＝述語

4 次のそれぞれの文で敬語の誤《あやま》った使い方を直し、例のように正しい文に書き直しなさい。（20点／一つ5点）

例 あなたにやった本です。（あなたにさしあげた本です。）

(1) どうぞ、料理をえんりょなくいただいてください。
〔　　〕

(2) 間もなく先生がこちらへ参ります。
〔　　〕

(3) よろしくと母が言っていました。
〔　　〕

(4) 父は今お出かけになっています。
〔　　〕

〔カリタス女子中〕

5 次の文の――線の言葉を、指示《しじ》された形に書き直しなさい。（24点／一つ3点）

(1) かわいい子には、旅をさせよ。←ていねいな言い方に 〔　　〕

(2) 赤ちゃんの手は、もみじだ。→たとえの形に 〔　　〕

(3) 花に水をあげます。←命令形に 〔　　〕

(4) 春らしくなりました。←疑問《ぎもん》形に 〔　　〕

(5) 知り合いに声をかけた。←受け身に 〔　　〕

(6) 漢字を覚える。←可能の形に 〔　　〕

(7) 湖底のあとをとどめている。←打ち消しの形に 〔　　〕

(8) 言葉の使い方に注意する。←希望を述べる形に 〔　　〕

6 〰〰線の言葉は、どの言葉を修飾《しゅうしょく》していますか。記号で答えなさい。（8点／一つ4点）

(1) とつ然アガチャンとイ音がウしたので、エ辺りをオさっとカ見回した。〔　　〕

(2) アわたしはイどこからかウだれかにじっとエ見られているようなオ気がした。〔　　〕

12 物語を読む①

学習のねらい
場面（いつ・どこで）、人物（だれが）、できごと（どうして・どうなった）をおさえて、登場人物の心情《しんじょう》や性格《せいかく》、場面や情景を読みとる。

月　日

答え⬇別さつ17ページ

ステップ1

1 [心情や心理を読みとる] 次の文章を読んで、あとの問いに答えなさい。

——あたし、自分のことしか考えてなかった。

知らず知らず①泣いていた。

「あらま、どないしよう。泣かせてしもうた。ごめん、ごめん」

あわてるおばさんに、キンちゃんがすっとんできた。

「オカン！　なにしたんや！」

「なにって、なんにもするわけないやろ」

あまりのキンちゃんの剣幕《けんまく》に、おばさんは手にしていたふきんをもみながら、さかんに言い訳《わけ》をした。ふたりのいい争いの原因《げんいん》が自分だと思うと申し訳なくて、それでも心配してくれるふたりがうれしくて、よけいにあたしの涙《なみだ》は止まらなくなった。

理由も聞かず、満里《まり》があたしの背中《せなか》に手を当ててさすってくれた。それにまた泣けて、あたしはその場に突《つ》っ立ったまま、こわれた蛇口《じゃぐち》みたいにとめどなく②涙を流し続けた。カッコ悪かった。サイテーだった。だけど、心にたまったおりのようなものが全部流れていく気持ちよさを、心のどこかで感じ取っていた。

（八束《やつか》　澄子《すみこ》「明日のひこうき雲」）

(1) ——線①「泣いていた」のはどんな気持ちからですか。次の中から選び、記号で答えなさい。〔　　〕

ア　こわい気持ち。　イ　感動する気持ち。

ウ　いやな気持ち。　エ　申し訳ない気持ち。

(2) ——線②「涙を流し続けた」のは、なぜですか。

〔　　　　〕

重要

2 [場面や情景を読みとる] 次の文章を読んで、あとの問いに答えなさい。

「雅夫《まさお》君、銭湯《せんとう》行く？　今日は暑かったし、行くなら連れてったるよ」宿題を終えた姉が言った。

「①どうしよう」

「どうしようって、自分で決めやあ」

「お金ある？」

「お祖母《ばあ》ちゃんにもらう」

「じゃあ行く」

姉はタンスの引き出しからタオルを二人分取り出すと、椅子《いす》を使って棚《たな》から金ダライを下ろし、銭湯へ行く支度《したく》をした。

「そしたら行こか。夜やで手をつないで行くよ。それに雅夫君、犬が怖《こわ》いやろ。だからわたしの手、ちゃんと握《にぎ》っとらなあかんよ」

「うん」

下に降《お》りて、祖母《そぼ》に銭湯に行くと言ったら、コーヒー牛乳《ぎゅうにゅう》代もくれた。玄関《げんかん》を出て、姉と手をつないで通りを歩く。

月が皓々《こうこう》と照っていた。生温《なまぬる》い風が顔を撫《な》でていった。遠くで犬が吠《ほ》えている。そのたびに②姉の手をぎゅっと握った。

姉と二人で銭湯に行くのは、これが初めてだった。


（奥田《おくだ》　英朗《ひでお》「夏のアルバム」）

(1) ——線①「どうしよう」と雅夫が迷《まよ》ったのはなぜですか。

〔　　　　〕

(2) ——線②「姉の手をぎゅっと握った」は、雅夫のどんな様子を表していますか。

〔　　　　〕

3 ［場面や情景を読みとる］次の文章を読んで、あとの問いに答えなさい。

*残雪《ざんせつ》の目には、人間もはやぶさもありませんでした。ただ救《すく》わねばならないなかまのすがたがあるだけでした。いきなり、敵《てき》にぶつかっていきました。大きな羽で、①力いっぱい相手をなぐりつけました。

不意を打たれて、さすがのはやぶさも、空中で、ふらふらとよろめきました。が、さっと体勢《たいせい》を整えると、残雪のむな元に飛びこみました。

羽が、②白い花弁《かべん》のように、すんだ空に飛び散りました。そのまま、はやぶさと残雪は、もつれ合って、ぬま地に落ちていきました。


（椋《むく》　鳩十《はとじゅう》「大造じいさんとガン」）

*残雪＝ガンの頭領《とうりょう》の名。

(1) ——線①は、だれがだれをなぐりつけたのですか。

〔　　　　〕なぐりつけた。

(2) ——線②「白い花弁のように」とありますが、だれの何が飛び散ったのですか。

〔　　　　〕が飛び散った。

4 ［登場人物の性格を読みとる］次の文章を読み、あとの問いに答えなさい。

むかし、都に博雅《はくが》という笛吹《ふえふ》きの名人がいました。ある晩《ばん》、この博雅のうちへ、どろぼうが四、五人入りました。博雅は急いで床下《ゆかした》へもぐりこみました。どろぼうが行ってしまったころをみはからって、床下から出てみると、持ち物はみな盗《ぬす》まれていました。「ははは……。よくこれだけきれいに持って行けたものだ。」と博雅は大口を開けて、わらいだしました。

(1) 博雅という人はどんな人ですか。次の中からよいものを選び、記号で答えなさい。〔　　〕

ア どろぼうをおそれた、おくびょう者。
イ 笛吹きの名人だが、我《が》の強い人。
ウ 盗まれても、わらってすませられるよくのない人。

月　日

時間 30分　合格 80点　得点　点

答え↓別さつ17ページ

重要 **1** 次の文章を読んで、あとの問いに答えなさい。

左の道をすすんだ三郎次《さぶろうじ》は、兄弟の中でいちばん年もわかく、気もやさしかったので、ふたりの兄と①わかれると、さびしくてなきだしそうになりました。が、これではならぬと②思いかえして、元気よくすすんでいきました。この道は、ひろい川にそっておりました。が、都まではよほど遠いとみえ、日がくれかかるころに、［A］都のはずれにつきました。もう足がくたびれて、ひと足もあるけないほどにつかれていました。どこかに宿屋はないかと、きょろきょろ見まわしながらやってきますと、

「　B　」

と、三郎次をよびとめる女の人がありました。

「はい、はい、わたしをおよびになりましたか。」

と、立ちどまりますと、女の人は三郎次の顔を見ながら、

「あなたは旅のおかたでございますか。」

と聞きました。

「はい、わたしは丹波《たんば》の国から、都へまいるのです。」

と言いました。すると、女の人はよろこんで、

「それではおきのどくですが、わたしの主人の家まで、ちょっとおいでください。けっしてわるいことではありませんから。」

と申しました。

三郎次は、よろこびまして、だれひとりしるべのない都の中で、こんなしんせつな人に会うのは、③地獄《じごく》で仏《ほとけ》にあうようなものだと思いました。

女の人は、三郎次をつれて半町ばかりあるいたかと思うと、りっぱな家の中にはいりました。〈ア その家は、まわりが六、七町もあるひろい屋敷《やしき》で、屋敷の中には大きなお倉が十五、六も、ずらりと立ちならんでおりました。〈イ

女の人は三郎次をつれて、長いろうかを通ったかと思うと、④おくのひと間へあんないしました。〈ウ 見ると、そのへやは、目もくらむような美しいへやで、床《とこ》の間には金や銀の道具が、たくさんおいてありました。〈エ

（菊池《きくち》 寛《かん》「三人兄弟」）

(1) ――線①「わかれる」の主語を書きなさい。(5点)

〔　　〕

(2) ――線②「思いかえして」とありますが、なぜ思いかえしたのですか。記号で答えなさい。(10点) 〔　〕

ア 泣いていたら、いっそう兄のことが思い出され、歩けなくなるのではないかと思えたから。

イ これからの道は、だれにもたよらず、自分一人で歩いて行かねばならないと思ったから。

ウ ずっと遠くまでつづいて見える道を、自分の足で、力強く歩いて行こうと決心したから。

エ 泣いていたら、日が暮《く》れるまでに都へ着けないかもしれないと思ったから。

(3) [A] に入る言葉を記号で答えなさい。（5点）

ア ついに　イ ようやく　ウ それでも　エ やがて　〔　　〕

(4) 「 B 」に入る言葉を記号で答えなさい。（10点）

ア もしもし。　イ もしもし、三郎次さん。

ウ もしもし、旅のお人。

エ もしもし、あなたは三郎次さんではありませんか。　〔　　〕

(5) この文章には「三郎次も、あとからつづいてはいりました。」という文がぬけています。<ア><イ><ウ><エ>のどこへ入れるとよいですか。（10点）　〔　　〕

(6) ――線③「地獄」とありますが、ここでは、何を地獄にたとえているのですか。文中の言葉で答えなさい。（10点）

〔　　　　　　〕

(7) 三郎次が心の中で思ったこととして「　」をつけることのできるところが三か所あります。その部分について、はじめの五文字を書きなさい。（15点／一つ5点）

□□□□□　□□□□□　□□□□□

(8) ――線④「おくのひと間」へあんないされたとき、三郎次はどんな気持ちでしたか。記号で答えなさい。（10点）

ア 見知らぬ人が親切にしてくれることへの感謝《かんしゃ》の気持ち。

イ 想像《そうぞう》もしなかったところへ連れてこられたことへの、少し不安な気持ち。

ウ 今まで見たこともない美しいへやであったことに対する、驚《おどろ》きの気持ち。　〔　　〕

〔清風南海中―改〕

2 次の引用文は、竹とんぼ作りがうまい源《げん》じいさんをめぐっての子供《こども》たちの争いの場面です。これを読んで、あとの問いに答えなさい。（25点／一つ5点）

その源じいさんまでも、工場の社宅《しゃたく》の子や町の子に取られそうになりました。もう、じっとしてはいられません。

「文句《もんく》を言ってやろう。」だれからともなく言いだしました。秋も終わりに近い、よく晴れた日のことでした。校庭の鉄《てつ》棒《ぼう》が、ひんやりとしていました。

ぼくらは、そこへ、帰りおくれたつばめのようにならんで、源じいさんの家にたびたびやって来る同級生に言いました。

「[A]」「[B]」

その子は、当たり前だといった顔つきで言い返してきます。

「[C]」「[D]」「[E]」

（斎藤《さいとう》了一《りょういち》「源じいさんの竹とんぼ」一部改変）

・[　]A〜Eに入る会話文を次から選び、記号で答えなさい。

ア 町の子や社宅の子は、ねだるだけじゃないか。

イ 君たちだって行ってるじゃないか。

ウ おじいさんが仕事ができなくなるのがわからんのか。

エ ぼくらは前から行ってるんだ。

オ それに、うちから、野菜を持っていくんだぞ。

A〔　〕B〔　〕C〔　〕D〔　〕E〔　〕

〔広島学院中―改〕

13 物語を読む②

学習のねらい
指示語《しじご》・接続語《せつぞくご》に気をつけ、あらすじや組み立てをつかみ、クライマックス（山場）の内容《ないよう》をとらえる。一つ一つの表現《ひょうげん》の工夫《くふう》や主題をとらえて読み味わう。

月　日

答え➡別さつ18ページ

ステップ1

1 ［組み立てをつかむ］次の文章は、ある物語の終わりの部分ですが、順序《じゅんじょ》が入れかわっています。これを読んで、あとの問いに答えなさい。

Ⓐ　魔法《まほう》から解《と》かれたように、ぼくは公園にかけこみました。ぶらんこもすべり台も鉄ぼうもすな場も、いつもの所にありました。けれど、らくだはどこにもいませんでした。ただ、少ししめったすな場のすなの上に、らくだの頭をかざっていた花輪が落ちているばかり。

「①あいつは、さばくへ帰ったんだ……。」

ぼくは、そうつぶやきながら、しおれた花輪を拾い上げたのでした。

Ⓑ　ぼくは、らくだが小さな黒い点のようになってさばくのかなたに消えるまで、ぼんやりと見送っていました。それから、②ふっとわれに返ると、さばくは消えて、見慣《みな》れた公園がぼくの目の前にありました。

Ⓒ　らくだは、しばらくの間気持ちよさそうに月の光を浴びていましたが、やがてすっくと立ち上がると、白く光るすなの上を一歩一歩確《たし》かめるように、［③］と歩きだしました。

（三田村《みたむら》信行《のぶゆき》「らくだはさばくへ」）

(1) すじが通るようにⒶ～Ⓒをならべかえなさい。

〔　　→　　→　　〕

(2) ——線①「あいつ」とは、だれですか。

〔　　〕

(3) ——線②「ふっとわれに返ると」とありますが、それまで「ぼく」はどうしていましたか。

〔　　〕

(4) ③に入る言葉を次から選び、記号で答えなさい。

ア　せかせか　　イ　どかどか
ウ　ゆっくり　　エ　ふらふら

〔　　〕

(5) 初め、らくだはどうしていましたか。

〔　　〕

(6) 最後に、らくだはどうなりましたか。

〔　　〕

(7) Ⓒの場面は、一日のうちのいつごろですか。

〔　　〕

2 〔心情や心理を読みとる〕 次の文章を読んで、あとの問いに答えなさい。

「（転校してじきにヨッちゃんとぎくしゃくしてしまった少年は、亡《な》くなったタケシのこいのぼりを拾って届《とど》けた家でヨッちゃんと一緒《いっしょ》になり、ゲームで遊んで、帰る時間になった。）

しばらくたって外に出てきたヨッちゃんは、真鯉《まごい》だけをつないだ竿《さお》を持っていた。

「すぐ帰らないとヤバい？」

少年に顔を向けずに訊《き》いた。

「べつに……いいけど」

「片手《かたて》ハンドル、できる？」

「自転車の？」

簡単《かんたん》だよ、そんなの、と笑った。道が平らだったら両手を離《はな》しても漕《こ》げる。

ヨッちゃんはこいのぼりを少年に渡《わた》した。

「おまえに持たせてやる」

「……どうするの？」

「ついて来いよ。タケシのこいのぼり、ぴんとなるように持ってろよ」

そう言って、自分の自転車のペダルを勢《いきお》いよく踏《ふ》み込《こ》んだ。

少年はあわてて追いかける。風を呑《の》み込んだこいのぼりは、尾《お》びれまでぴんと張《は》って泳ぎはじめた。意外と重い。しっかりと竿を握《にぎ》っていないと、飛んでいってしまいそうだ。

ヨッちゃんの自転車は団地《だんち》を抜《ぬ》けて、細い道を何度も曲がっていく。片手ハンドルの運転ではなかなかスピードは上げられない。ヨッちゃんも途中《とちゅう》でブレーキをかけたり自転車を停《と》めたりして、少年を待ってくれた。「かわってやろうか」と言われて、「ぜんぜん平気だよ」と応《こた》えると、ふうん、と笑われた。いままでとは違《ちが》う——①転校したての頃《ころ》とも違う笑い方だった。タケシくんと一緒だった頃もこんなふうに笑っていたのかもしれない。そう思うと、②急にうれしくなり、でも③急に悲しくもなって、竿をぎゅっと強く握りしめた。

（重松《しげまつ》 清《きよし》「友だちの友だち」）

(1) ——線①「転校したての頃」はどんな笑い方だったと考えられますか。

〔　　　〕

(2) ——線②「急にうれしくなり」とありますが、どんなことがうれしかったのですか。

〔　　　〕

(3) ——線③「急に悲しくもなって」とは、どんな思いですか。

〔　　　〕

(4) この物語のタイトルにある「友だちの友だち」とは、だれのことだと思いますか。

〔　　　〕

月　日

答え⬇別さつ18ページ

時間 30分
合格 80点
得点　　点

1 次の文章を読んで、あとの問いに答えなさい。

今朝《けさ》もマラソンの練習がある。いつもならジャンパーをぬいで、トレーナーすがたで走るのだが、きょうは半そでのティーシャツだけだ。ジャンパーをぬいだとたん、両腕《りょううで》にさっと鳥肌《とりはだ》が立ち、思わず身震《みぶる》いをしてしまった。震えはたちまち体全体にひろがり、準備体操《じゅんびたいそう》のあいだもとまらなかった。

「へえ、今朝は気合はいってるな」

なにも知らない倉橋《くらはし》くんが、①□をまるくする。

スタートをまつあいだも、足ぶみしながらさむさをしのいでいた。やっと、笛が鳴って、ヨースケくんは走りだした。走っていると、だんだんあたたかくなってきた。グラウンドを二周し終えると、からだがぽかぽかしてきて、さむさも気にならなくなった。

どうも、これだけではかぜをひきそうにもない。

もっと②強烈《きょうれつ》なやりかたを考えたほうがいい。

学校にいるあいだ、いろいろ知恵《ちえ》をしぼったすえに、とうとう決心した。

家にもどると、③うまいぐあいに母さんは、買いものにでかけていた。

かばんをほうりだすと、すぐに風呂場《ふろば》にいった。そしてすっぱだかになった。洗面器に水をくんで、頭からかぶることにしたのだ。

さすがに、これはかなりの勇気がいる。はだかになっただけでも、がたがた震えがくる。水道の蛇口《じゃぐち》をひねったとたん、つめたい水がタイルの床《ゆか》にとび散って、はだかの体にかかった。

（那須《なす》 正幹《まさもと》「ヨースケくん」）

(1) ――線①が「大変おどろく」という意味になるように、□に入る漢字を書きなさい。（15点）

〔　〕をまるくする。

(2) ――線②「強烈なやりかた」とありますが、そのやりかたを、本文中の言葉を使って書きなさい。（20点）

〔　〕

(3) ――線③「うまいぐあいに母さんは、買いものにでかけていた」とありますが、ヨースケくんがそのように考えたのはなぜですか。次から選び、記号で答えなさい。（15点）

ア 母さんがいたら、おこって止められると思ったから。
イ 母さんにひみつにして、おどろかせたかったから。
ウ 母さんに手伝ってもらう必要はなかったから。

〔　〕

2 次の文章を読んで、あとの問いに答えなさい。

父に言われるまでもなく、自分でも出来が悪いのは分かっていた。モデルの*オアシスでさえ、ぼくに見つめられて居《い》心地《ごこち》悪そうにしていたのである。——きっとぼくは、絵筆を持ったままよほど難《むずか》しい顔をしていたのだろう。

原因《げんいん》はよく分かっていた。一番描《えが》きたいものを描かずに、他のものを描こうとするからうまくいかないのだ。それに付き合わされるオアシスこそいい迷惑《めいわく》だったろう。

「①よし、やめた！」

ぼくは筆とパレットを置き、さっさと油絵の道具を片《かた》づけはじめた。その勢《いきお》いに驚《おどろ》いたのか、父は慌《あわ》てた顔で尋《たず》ねてきた。

「おいおい、まさか本気でやめちまうつもりか？」

「えっ？」

父の言っている意味が分からずに聞き返した。父はぼくの顔をのぞき込《こ》むようにして告《つ》げてくる。

「ちょっと②調子が悪いからって、絵を描《か》くことまでやめちまうことはないだろう」

「……絵をやめるなんて言ってないよ」

絵筆を置いたのは、今日はここでおしまいという程度《ていど》の意味だったのだ。絵を描くこと自体をやめようなんて考えてもいなかった。

だけど父にはそう見えたらしい。タバコの灰《はい》を落とした後、珍《めずら》しく優《やさ》しい口調で声を掛《か》けてきた。

「ま、あんまり深刻《しんこく》になりすぎないこったな」

よく分からないアドバイスだったけど、その通りかもしれないと思った。——そこでその日は、オアシスを連れ出し、おわびがわりにたっぷりと長い散歩に行くことにした。

（竹内《たけうち》 真《まこと》「オアシス 不思議な犬と少年の日々」）

＊ オアシス＝「ぼく」が飼《か》っている犬の名前。

(1) ——線①「よし、やめた！」を、「ぼく」はどういう意味で言いましたか。また、「ぼく」の父はどのように受けとりましたか。本文中の言葉を使って書きなさい。（40点／一つ20点）

ぼく……〔　　〕

父……〔　　〕

(2) ——②線「調子が悪い」理由を、「ぼく」はなぜだと考えていますか。次から選び、記号で答えなさい。（10点）

ア モデルのふきげんな様子が伝わってきたから。

イ 描いている絵を父に見られて、緊張《きんちょう》したから。

ウ 描きたいものとは違《ちが》うものを描いていたから。

〔　　〕

14 伝記を読む

学習のねらい
実際《じっさい》にこの世の中に生きた人が、どんな考えで、どんなエピソードをもって一生を送ったかということをとらえ、どんな人物であったのかを読みとる。

月　日

答え⬇別さつ18ページ

ステップ1

1 [どんな人物かを読みとる] 次の文章を読んで、あとの問いに答えなさい。

「①との。」

杉戸《すぎど》ごしによびかける。

「なんじゃ猿《さる》＊1っ。」

「冬はどうしても炭やまきの使用が多くなりまするが、②商人から買わないようにすれば、金はかかりません。」

「たわけめっ。買わずにどうやって、炭やまきを手にいれるぞ?」

「この藤吉郎《とうきちろう》なら、一文《いちもん》の金もつかわず、清洲城《きよすじょう》の燃料代《ねんりょうだい》をまかなってごらんにいれまする。」

　がらりと戸があいて、藤吉郎のまえにたちはだかった信《のぶ》長《なが》、

「よし、やってみせろ。いまぬかしたことがホラなら、＊2手打ちだぞ。」

「はい。では首尾《しゅび》よくいきましたら、手打ちそばでもいただきましょう。」

　さっそく藤吉郎が、あの村この村をたずねまわる。

「よいか。それぞれの家から、ひとたばのまきと、ひとたばの炭をださせてくれ。」

「おやすいごようで。木なら山にいくらでもあります。炭なら、その木を焼けばよいことじゃ。」

　こうしてあつめた炭やらまきやらを、足軽《あしがる》たちがお城へとかつぎこんだものである。


（吉本《よしもと》　直志郎《なおしろう》「豊臣秀吉《とよとみひでよし》」）

＊1　猿＝藤吉郎のこと。信長は藤吉郎をこう呼《よ》んでいた。
＊2　手打ち＝大名などが自分の手で切り殺《ころ》すこと。

(1) ――線①「との」とは、だれですか。
〔　　　〕

(2) ――線②「商人から買わないようにす(る)」とありますが、だれから調達するつもりですか。記号で答えなさい。
ア 商人　イ 村人　ウ 足軽　〔　　　〕

2 [どんな人物かを読みとる] 次の文章を読んで、あとの問いに答えなさい。

　英世《ひでよ》は、神戸《こうべ》から中国いきの船にのりこみました。瀬戸内海《せとないかい》を航海《こうかい》して、九州《きゅうしゅう》の門司《もじ》で一泊《いっぱく》…と、五日かかって中国につきました。

　この船中で、英世は、えらい先生たちとはちがった旅のしかたをしました。

　船はごうか船です。みんなは、おいしい料理をたべながら、

中国語の辞典で勉強しています。でも、英世のすがたがみあたりません。

じつは、英世は、ひとり船のそこのほうにおりて、きたないへやで、まずいものをたべながら、はたらく中国人たちと、みぶり手ぶりで会話の勉強をしていたのです。

中国へついて、さっそく、各国の医者たちは病人の治療《ちりょう》にあたりました。

医者たちのなかでもっとも人気のあったのは英世でした。おなじはだの色をした人間で、中国語もよくわかったからです。そのうえ、フランス語、英語にもつうじていたので、医者たちのあいだでも、とてもちょうほうがられました。

（浜野《はまの》 卓也《たくや》「野口英世《のぐちひでよ》」）

(1) 英世は何をするために中国へ行ったのですか。
〔　　　　〕

(2) 英世はどんな人物ですか。
〔　　　　〕

(3) 英世が中国の病人たちや医者たちに人気があったのはなぜですか。
〔　　　　〕

3 ［人物の考えを読みとる］次の文章を読んで、あとの問いに答えなさい。

ヘレンは、三つの障《しょう》がいをせおっていましたが、自分の生《お》い立ちがどんなにめぐまれていたか、よくわかっていました。まず、心のやさしい両親がいました。家がお金もちだったので、サリバン先生という、すばらしい家庭教師《きょうし》にきてもらうことができました。大学時代には、おおぜいの人が寄付《きふ》をしてくれ、学資《がくし》や生活費《せいかつひ》をたすけてくれました。

このしあわせを、ひとりじめにしてはいけないと、ヘレンはおもったのです。ひとりでも多くの子どもたちに、このしあわせをわけてあげたいとかんがえたのです。

ヘレンは、読みやすい点字の本をつくる仕事にも、力をつくしました。

また、あかちゃんが生まれたら、かならず目の消毒《しょうどく》をするという法律《ほうりつ》をつくる運動もおこしました。そのころ、アメリカでは、生まれるときに、目にばいきんがはいり、失明するあかちゃんがすくなくなかったのです。

（砂田《すなだ》 弘《ひろし》「ヘレン・ケラー」）

(1) ヘレンがかんがえたのは、どんなことですか。次から二つ選び、記号で答えなさい。〔　　〕〔　　〕
ア 自分の生い立ちをみんなに知ってもらいたい。
イ 生まれてすぐのあかちゃんの失明をなくしたい。
ウ 障がいのある子がもっと教育を受けられるようにしたい。
エ サリバン先生に恩返《おんがえ》しをしたい。
オ もっとおおぜいの人から寄付を集めたい。

月　日
時間 30分
合格 80点
得点　点
答え➡別さつ19ページ

1 次の文章を読んで、あとの問いに答えなさい。

エジソンは、*1トン・ツーの電信機にかわるものとして〝話す電信機〟をかんがえはじめていました。

しかし、アレクサンダー・グラハム・ベルが、さきに特許《とっきょ》をとりました。電話機の発明です。電話もベルも、たちまち有名になりました。

とはいえ、大声でどなるように送話器にはなしても、距離《きょり》がとおくなるとよくきこえません。また、むこうからの声をきくときは、送話器を耳にあてるというやりかたでした。

これでは、電話というすばらしい発明も、じっさいの役にたちません。

「エジソンさん。なんとか実用になるように研究してくれないか。」

電報《でんぽう》電信会社がたのみこんできました。

エジソンは、このむずかしい研究と実験にとりくみました。

そして、送話器と受話器をわけてつくり、どんなとおくにもふつうの声でとどく方法をつくりあげました。

たしかに電話の発明者はベルですが、これにエジソンの発明をプラスして、はじめて電話が世界にひろまったのでした。

ところが人びとは、電話機のまえで、とおくの見えない相手にはなしかけることに、とまどってしまいます。電報電信会社の社長が、またまたエジソンにいいました。

「はなしかけるさいしょに、なにか、いいあいさつのことばはないだろうかね。」

「それなら、ハロー、ハローと、いってみてはどうですか。」

〝ハロー〟は、エジソンがつくりだしたことばです。はなしかけるのも、ハロー。きいてこたえるのにも、ハロー。かんたんで、明るくて、だれにもわかることばなのです。

のちには、電話をつかうだけでなく、人によびかけることばとして、世界じゅうでつかわれるようになりました。

電話の実験をしながら、エジソンはもうひとつの発明に手をつけていました。

「電話の送話器では、声（音）で振動板《しんどうばん》をふるわせて電気の流れにかえる。受話器ではその電気の流れで、振動板をふるわせてもとの声にする。この振動板に針《はり》をつけてみたらどうだろう……」

エジソンは、*2スズ箔《はく》をまいたつつに針先があたるようにして、声をだしながら、つつを回転させました。

「メリーさんのひつじ　かわいいひつじ……」

つつに波型《なみがた》のみぞができました。

こんどは、針をもとにもどして、つつをまわしました。針が波型のみぞどおりにうごき、そのうごきにつれて振動板がふるえました。

エジソンがうたった子どもの歌のひとふしが、かすかに、

「メリーさんのひつじ　かわいいひつじ……」

と、きこえました。

このしくみは、エジソンの蓄音機《ちくおんき》のさいしょのもので、フォノグラフと名づけられました。はじめての実験から、うまくいきました。あとは音がはっきりとでるように、きちんとつくりあげるだけです。

これまで、だれもかんがえたことのない〝声の記録と再生《さいせい》の機械〟が、蓄音機としてあらわれ、人びとをおどろかせました。人の声も、有名な歌手の歌声も、すばらしい音楽も、蓄音機をつかえば、のちのちまでのこし、ききかえすことができるのです。

三十さいにして電話機や蓄音機を生みだしたエジソンは、大発明家としてたたえられ、＊3〝メンロパークの魔術師《まじゅつし》〟とよばれるようになりました。

（桜井《さくらい》　信夫《のぶお》「エジソン」）

＊1　トン・ツー＝モールス信号。短い音（トン）と長い音（ツー）で信号を送る。

＊2　スズ箔＝スズ（金属《きんぞく》）をうすくのばしたもの。

＊3　メンロパーク＝アメリカの地名。エジソンはここに研究所をたてて、発明をしていた。

---

(1) 次のできごとの功労者は、だれですか。（30点／一つ10点）

① 電話機を発明した。〔　　〕

② 電話が世界に広まった。〔　　〕

③ 蓄音機を発明した。〔　　〕

(2) 「ハロー」ということばが世界じゅうでつかわれるようになったのは、なぜですか。（20点）

〔　　〕

(3) ――線部「この振動板に針をつけてみたらどうだろう」とありますが、何をしようとしているのですか。次の文の□に入る言葉を二十五字以内で答えなさい。（30点）

電話のときは、音の振動を電気の流れにかえてとおくへ送ったが、今度は、□、音声を記録しようとしている。

(4) エジソンはどんな人物ですか。次から選び、記号で答えなさい。（20点）〔　　〕

ア あきっぽく、いろいろなことに取り組む人物。

イ 事業を広げていく能力《のうりょく》のすぐれている人物。

ウ 大きな発明はないが、細かいくふうが得意な人物。

エ 人の役にたつ発明をいくつもした人物。

月　日
時間 30分　合格 70点
得点　　点
答え➡別さつ19ページ

1 次の文章を読んで、あとの問いに答えなさい。

これまで外国からの永《なが》い旅行から帰ってくるのは夜が多かった。家にもどると岳《がく》＊1は母親におこられるのもかまわずねずにおきていて、玄関先《げんかんさき》に［A］と私《わたくし》の重いトランクが置かれるのを聞くと部屋からまっ先にとび出してきて私にしがみついてきた。しかしそういうことをするのも三年生ぐらいまでで、四年生以上になると、さすがにすこしテレくさいのか飛びついてくるようなことはせず、いつもよくやっているプロレスの組み合いのようにして、私の胸《むね》の下あたりにぐいと坊主《ぼうず》頭を押《お》しつけてくるようになっていった。私の外国からのお土産《みやげ》めあてということもあったのだろうが、そんなふうにして私が帰ってきたことをすなおによろこんでくれるのが、私には①静かにうれしかった。

［B］三カ月ほど前にスリランカの旅から帰ってきたときはすこしちがっていた。家についたのは夜の十時頃《ごろ》だったが、岳はトレーナーのズボンのポケットに両手をつっこんだまま私の顔をながめてだまって㋐ニヤリと笑った。それから、「おとう、帰ってきたのか」と言った。もう坊主頭を私の胸にぐいぐいと押しつけてくる、ということをしなくなってしまったのだ。

「岳のやつは確実《かくじつ》に大きくなっているんだなあ、おれが帰ってきたときのやつのむかえ方が、②年々変わってきているので永い旅行をするとそれがよくわかるよ」

と、③その日私はおそい夜食をとりながら妻《つま》に言った。

「あら、そうなの？」

と妻は不思議な顔をして言った。

「やつがもっと小さい頃は玄関先でいきなり飛びついてきたよ」

「ああ、そういえばこの頃そういうことをしなくなっているわね」

「そうなんだ。もっともあの頃からくらべると体がずっと大きくなっているからいまだに㋑そういうことされていたらこっちがたまらないけどな」

「そうね、ちょっと④みっともない風景になるわね」と、妻は言った。

岳が学校に行っているウィークディ＊2の午前中に家に帰る、ということはそういう岳の、⑤もっとも新しいむかえ方がわからない、ということでもあった。そのことがなんとなく私には良かったような、よくないような、ちょっと奇妙《きみょう》な気持ちにさせていたのだ。

（椎名《しいな》 誠《まこと》「岳物語」）

＊1　岳＝少年の名前。「私」の子供《こども》。＊2　ウィークディ＝日曜日以外の日。

(1) ［A］・［B］に入る語を次から選び、記号で答えなさい。（20点／一つ10点）

［A］……ア コトリ　イ ガチャリ　ウ ドスン　エ ゴロリ　〔　〕

B……ア ところが　イ そして
ウ そのうえ　エ つぎに
〔　　〕

(2) ①静かにうれしかったの「静かに」には、どのような意味がこめられていますか。次から選び、記号で答えなさい。(5点)
ア 強く　イ しみじみと
ウ 不思議に　エ おどろくほど
〔　　〕

(3) ②年々変わってきていることを次の表にまとめなさい。(わくにきちんと書き入れること。)(20点/一つ10点)
・三年生ぐらいまで
例 とび出してきて私にしがみついてきた。
・四年生以上
［　　　　］きた。
・つい最近(三カ月ほど前)
［　　　　］。

(4) ③その日とは、いつのことですか。文章中から二十三字でさがし、はじめとおわりの七字を書きなさい。(10点)
□□□□□□□～□□□□□□□

(5) ④みっともない風景とは「私が」どんな状態《じょうたい》になることをいっていると思いますか。簡単《かんたん》に書きなさい。(10点)
〔　　　　〕

(6) ⑤もっとも新しいむかえ方とありますが、むかえ方で「私」は岳の何を知ることができるのですか。漢字二字の熟語《じゅくご》で答えなさい。(10点)
〔　　〕

(7) ㋐ニヤリと笑ったの主語を答えなさい。(10点)
〔　　〕

(8) ㋑そういうことされていたらについて、
① 「され」と同じ意味をもつ文を次から選び、記号で答えなさい。(5点)
ア 先生が話をされた。
イ これくらいなら左手でもされた。
ウ 母から注意をされた。
〔　　〕
② 「そういうこと」とは、どんなことですか。(10点)
〔　　　　〕

〔佐賀大附中―改〕

15 随筆《ずいひつ》・脚本《きゃくほん》を読む

学習のねらい
随筆は、筆者が経験《けいけん》したことを自由に書いたもので、筆者の考えを読みとることが大切。脚本は、劇《げき》をするために書かれたもので、登場人物のせりふとト書きから成る。

月　日

答え➡別さつ19ページ

ステップ1

1 〔随筆を読む〕 次の文章を読んで、あとの問いに答えなさい。

小学五年生の頃《ころ》、ぼくの人物評価《ひょうか》の物差し（おおげさかな）はたった一つしかなかった。「野球のうまい奴《やつ》は、いい奴」

――意外と使えたんだ、これが。

もちろん、①そんな物差しはオトナになってからは使えないんだけど、新しい知り合いができたとき、いつも考えることがある。

②オレとこいつが小学五年生の同級生だったら、どんな関係だっただろう……。

四年生でも六年生でもなく、五年生。歳《とし》でいうなら十歳《さい》から十一歳。そこにこだわりたい。なぜって、ぼくはいま三十六歳だけど、三十六年間のジンセイを振《ふ》り返ってみると、「親友」という言葉をいちばんたくさん口にしたのは小学五年生の頃だったんだから。

四年生だと、まだ「仲良し」と「親友」の区別なんてつかない。六年生から上になると、「親友」って言葉をつかうのが照れくさくてたまらない。ここでもまた、五年生の日々は③狭間《はざま》……いや、④なにかを素直《すなお》に信じていられる頂点《ちょうてん》だったのかもしれない。

だからこそ。

「絶交《ぜっこう》」という言葉をいちばんたくさんつかったのも、あの頃だったっけ。

（重松《しげまつ》 清《きよし》「どこまでもいこう」）

(1) ――線①「そんな物差し」とは、具体的にはどんな物差しですか。文中からぬき出しなさい。

〔　　　　〕

(2) ――線②「オレとこいつが小学五年生の同級生だったら」とありますが、小学五年生は筆者にとってどんな頃でしたか。文中の言葉を用いて答えなさい。

〔　　　　〕

(3) ――線③「狭間」とは、ここでは四年生の状態《じょうたい》と六年生の状態の間という意味ですが、どんな状態ですか。四十字以内で答えなさい。

(4) ——線④「なにかを素直に信じていられる」とは、なにを信じたのですか。次から選び、記号で答えなさい。

ア 人物評価　イ 友情《ゆうじょう》　ウ 自分　エ 人生

［　　］

2 ［脚本を読む］次の狂言《きょうげん》は「清水《しみず》」の一部です。これを読んで、あとの問いに答えなさい。（主は主人、太は太郎冠者《たろうかじゃ》のこと）

主　今のは、確《たし》かに太郎冠者の声じゃ。㋐なんとした。

太　ご主人㋑でござるか。あとからだれも追っては来ませぬか。

主　いや、だれも追っては来ぬが、①何事じゃ。

太　さても、おそろしいめにあいました。

主　早く話してみよ。

太　まず、お言いつけのとおり、すぐに、清水に②まいり、水をくもうとしました。すると、むこうの山が、ドドドと鳴って、おそろしいおにが現《あらわ》れ、取ってかもう、取ってかもう、とさけんで、追いかけてまいります。かまれてはたいへんと、あわてて、ここへにげもどって③まいりました。

主　それはふしぎじゃ。あの清水におにが出るとは、聞いたことがない。㋒して、手おけはなんとした。

太　手おけのことなど、すっかりわすれました。

主　あの手おけは、だいじな品だから、気をつけよ、と④申しておいたのに、わすれたということがあるものか。

---

(1) 太郎冠者は、主人とどんな関係にある人物ですか。次から選び、記号で答えなさい。

ア となりの人　イ 兄弟　ウ めしつかい　エ 友達

［　　］

(2) (1)のことは、太郎冠者のどの言葉からわかりますか。太郎冠者のせりふの中から、九字でぬき出しなさい。

(3) ——線①～④の言葉をふつうの言い方にしなさい。

①［　　］　②［　　］

③［　　］　④［　　］

(4) 〰〰線㋐～㋒の言葉の意味を、あとから選び、記号で答えなさい。

㋐ なんとした［　　］　㋑ でござるか［　　］

㋒ して［　　］

ア それで　イ 何と言ったか　ウ そうしたら

エ ですか　オ あるか　カ どうしたか

(5) 太郎冠者は、何をするために清水に行ったのですか。

［　　］

(6) 太郎冠者のいった、おそろしいめとは、何ですか。

［　　］

ステップ2

月　日

答え⬇別さつ20ページ

時間 30分　合格 80点　得点　　点

重要

1 次は劇《げき》の台本の一部です。これを読んで、あとの問いに答えなさい。

マリーが立って、マントを二つとり、一つをピエールの肩《かた》にかける。

マリー　さあ、わたくしたちも帰りましょう。

ピエール　うん。（A）

マリー　それではあなたは、さきに出てくださいまし、わたくしがあかりを消していきますから。（B）

ドアーをあけて、ピエールがマリーを待つ。マリーはピエールのそばへ来、ちょっと、室内をふり返って立ち止まる。

［①］　ああっ。

［②］　㋐どうしたね？

［③］　しっ！……静かに。

［④］　（C）あなたに見える……あのあかりが。

［⑤］　あかり？

［⑥］　ええ、光よ。ほたるのようなきれいな光よ。あなたにも見えて？

たなのガラスざらが、いくつか、美しい光を放つ。

ピエール　（D）㋑見える、見える。たしかに……。

マリー　あれはラジウムの光よ。

ピエール　うん、ラジウムだ。ラジウムだ！

(1) 文中の［①］～［⑥］にあてはまる名前を書きなさい。（18点／一つ3点）

①〔　　〕　②〔　　〕　③〔　　〕

④〔　　〕　⑤〔　　〕　⑥〔　　〕

(2) 文中の（A）～（D）には、動作や気持ちを表した言葉が入ります。次からあてはまる言葉を選び、番号で答えなさい。（12点／一つ3点）

① ランプを消す　② そっと室内にもどりながら

③ カバンを手にとる　④ いきなりカバンをおいて

A〔　〕　B〔　〕　C〔　〕　D〔　〕

(3) ――線㋐・㋑の言葉を言う場合、どんな言い方をしたらよいですか。次から選び、番号で答えなさい。（10点／一つ5点）

① 感動したように早口で言う。

② さびしそうに静かな調子で言う。

③ 小さな声でつぶやくように言う。

④ びっくりしたように、声を高くして言う。

㋐〔　〕　㋑〔　〕

(4) 上のような劇の台本を何とよびますか。また、会話の部分をふつう何とよびますか。（10点／一つ5点）

台本〔　　〕　会話〔　　〕

〔金光学園中―改〕

2 次の文章を読んで、あとの問いに答えなさい。

小春日和《こはるびより》は、一カ月①あまりつづく、[*1]静穏《せいおん》な②間奏曲《かんそうきょく》である。十一月のはじめに鉛色《なまりいろ》の空がもどってくる。[*2]ダウンタウンの高層《こうそう》ビル上の旗が、いままでは東へ向いていたのに、とつ然、［A］へ向きを変える。雨と風がおとずれる③前兆である。旗は間もなくバタバタとふるえはじめる。雨がもうすぐ降《ふ》りだすにちがいない。南から風がのぼってきているのである。街のなかで、まるでなじみのない悪臭《あくしゅう》が南風に乗ってただよって、雨の近いことを知ることもある。

サンフランシスコの湾岸《わんがん》一帯に雨を降らすのは、太平洋をわたって旅をしてくる、暗い低気圧《ていきあつ》である。雨ははじめ、細かいモヤかと思うほどにそっとほ道に落ちて、家々の南向きの窓《まど》をぬらしはじめる。サンフランシスコ在住《ざいじゅう》の日本人は、「また［B］か」と思うという。一～二月ごろまで、よく雨が風をともなって、降るからである。

西の窓に雨のつぶが集まると、とうげをこしたしるしであり、北窓に[*3]雨滴《うてき》が光れば、雨も風ももうすぐにやむ。

サンフランシスコでは、雨が去ることは、冷たい大気が北から下ってくることでもある。

（枝川《えだがわ》 公一《こういち》「サンフランシスコ　旅の雑学ノート」）

＊1　静穏＝静かでおだやかなこと。　＊2　ダウンタウン＝街の中心部。
＊3　雨滴＝雨のつぶ。

(1) この文章は、どの季節について書かれていますか。次から適切《てきせつ》なものを選び、記号で答えなさい。（5点）〔　〕

ア 早春　**イ** 初夏　**ウ** 初秋　**エ** 初冬

(2) ——線①は、一カ月よりも少し長いことを表しますが、一カ月よりも少し短い場合は何と表現《ひょうげん》しますか。ひらがな三文字で答えなさい。（10点）

一カ月［　　　］

(3) ——線②の説明として適切なものを次から選び、記号で答えなさい。（10点）〔　〕

ア 「小春日和」という曲がサンフランシスコに流れる時があることを明らかにしている。
イ 「小春日和」を曲にたとえ、これからやってくる季節の暗さをいっそうわかりやすくしている。
ウ 「小春日和」はサンフランシスコだけにあらわれる特別な期間であることを示《しめ》している。
エ 「小春日和」が雨・風の多い日々であることを曲にたとえて示している。

(4) ［A］に入る方角を次から選び、記号で答えなさい。（5点）〔　〕

ア 東　**イ** 西　**ウ** 南　**エ** 北

(5) ——線③と同じ意味の言葉を、ひらがな四文字で答えなさい。（10点）［　　　　］

(6) ［B］に入る季節を表す言葉を、ひらがな二文字で答えなさい。（10点）［　　］

〔金城学院中〕

16 詩を読む

学習のねらい
詩を形式の上から分けると、定型詩《ていけいし》・自由詩・散文詩の三種類になる。行のかえ方、空け方や言葉の調子、リズムに気をつけて情景《じょうけい》を考える。

月　日
答え⬇別さつ20ページ

ステップ1

1 ［作者の気持ちを読みとる］次の詩を読んで、あとの問いに答えなさい。

元気でいる
みたいだから
まあ　いいか
呟《つぶや》きながら
何度もあなたからの
□を見ていた
お父さんのこと
毎年　元旦《がんたん》になると
思い出すの

会えばケンカの
父子だったけれど
思っていたのよ
あなたのことを

（柴田《しばた》　トヨ「年賀状」）

(1) □にはこの詩の題にもなっている語が入ります。あてはまる語を考え、漢字三字で答えなさい。

(2) まあ　いいかと呟いていますが、本当はどのような思いがあるのですか。

〔　　〕

(3) 「あなた」に語りかけているのは誰《だれ》ですか。「あなた」から見た言い方で答えなさい。

〔　　〕

〔立教池袋中〕

2 ［情景を読みとる］次の詩を読んで、あとの問いに答えなさい。

虫　　八木《やぎ》　重吉《じゅうきち》

虫が鳴いてる
①いま　ないておかなければ
もう駄目《だめ》だというふうに鳴いてる
②しぜんと
涙《なみだ》をさそはれ《わ》る

(1) ――線①「いま　ないておかなければ／もう駄目だ」とは、どんな鳴き方を表していますか。

〔　　〕

(2) ――線②「しぜんと／涙をさそはれる」とありますが、作者は虫のどんなところに感動していますか。

〔　　〕

3 ［情景を読みとる］次の詩を読んで、あとの問いに答えなさい。

ふるさと　　室生《むろう》　犀星《さいせい》

雪あたたかくとけにけり
しとしとしとと融《と》けゆけり
ひとりつつしみふかく
やはらかく
木の芽に息をふきかけり
もえよ
木の芽のうすみどり
もえよ
木の芽のうすみどり

(1) この詩の季節はいつですか。漢字一字で答えなさい。〔　　〕

(2) 雪がゆっくりと融けていく様子を表した言葉を七字でぬき出しなさい。

□□□□□□□

4 ［表現《ひょうげん》のしかた］次の詩を読んで、あとの問いに答えなさい。

コスモス　　阪田《さかた》　寛夫《ひろお》

秋のさくら　コスモス
蝶々《ちょうちょう》がまちがえて
こんどは
菜の花をさがしました
蝶々　蝶々
おいそぎなさい
もう十月よ

(1) 次のような表現《ひょうげん》をしているところをぬき出しなさい。

① 比喩《ひゆ》（たとえ）の表現〔　　〕

② 言葉をくり返しているところ〔　　〕

③ 命令しているところ〔　　〕

④ 呼《よ》びかけているところ〔　　〕

(2) 「おいそぎなさい／もう十月よ」と話しかけているのはだれですか。次から選び、記号で答えなさい。〔　　〕

ア 蝶々　**イ** コスモス　**ウ** 菜の花　**エ** さくら

ステップ 2

月　日　時間 30分　合格 80点　得点　点

答え⬇別さつ20ページ

1 次の詩を読んで、あとの問いに答えなさい。

ある時　山村《やまむら》　暮鳥《ぼちょう》

木蓮《もくれん》の花が
ぽたりとおちた
まあ
なんという
明るい大きな音だったろう
さようなら
さようなら

(1) 題名の「ある時」は、何があった時を指していますか。詩の言葉を用いて答えなさい。(10点)

〔　　〕

(2) ――線部「まあ／なんという／明るい大きな音だったろう」とありますが、その音を表した言葉をぬき出して答えなさい。(10点)

〔　　〕

(3) (2)の音におどろいている作者ですが、その音をどんなふうに聞きましたか。あとから選び、記号で答えなさい。(15点)

〔　　〕

ア 木蓮の花が作者に別れを告《つ》げようとしている。
イ 木蓮の花が作者をおどろかそうとしている。
ウ 木蓮の花が散ってもなお美しくいようとしている。
エ 木蓮の花が作者に見てもらって喜《よろこ》んでいる。

重要

2 次の詩を読んで、あとの問いに答えなさい。

野景　萩原《はぎわら》　朔太郎《さくたろう》

弓なりにしなった竿《さお》の先で
小魚がいっぴき　ぴちぴちはねている
おやじは得意で有頂天《うちょうてん》だが
あいにく世間がしずまりかえって
遠い牧場では
牛がそっぽをむいている。

（1〜6は行番号を表す）

(1) 作者の視線《しせん》はどのように動いていますか。次から選び、記号で答えなさい。(10点)

〔　　〕

ア 遠くのものから、近くのものへと視線は移動《いどう》している。
イ 近くのものから、遠くのものへと視線は移動している。
ウ 遠くのものを見たまま、視線は動いていない。
エ 近くのものを見たまま、視線は動いていない。

(2) ――線「弓なりにしなった竿」から期待されることと、ちぐはぐな内容《ないよう》を示《しめ》す行の番号を書きなさい。（10点）〔　　〕

(3) この詩の鑑賞文《かんしょう》として適切《てきせつ》なものを、次から選び、記号で答えなさい。（10点）〔　　〕

ア 音のない静かな世界の感じを出し、悲しみにみちたふんいきをもった詩である。

イ 現実的でいつわりのない感じを出し、むだがなく重みのある詩である。

ウ いきいきとしたスケッチの感じを出し、ユーモラスに軽快《けいかい》な感じの詩である。

エ きびしさにあふれた日常《にちじょう》の生活の感じを出し、たくましく力強い詩である。

〔滋賀大教育学部附属中―改〕

3 次の詩を読んで、あとの問いに答えなさい。

雪の朝

① まぶしい雪のはねっかえし。
② 青い。
③ ①きらら子たちははしゃいで、
④ 跳《と》びあがったりもぐったりして鬼《おに》ごっこだ。
⑤ ああ。
⑥ まぶしい光のはねっかえし。
⑦ 自分の額《ひたい》にもきらら子は映《うつ》り、
⑧ うれしい。
⑨ 空は［　　］まえに乗り出し、
⑩ ②天の天まで見え透《す》くようだ。

（草野《くさの》 心平《しんぺい》の詩）

(1) この詩にあてはまるものを次からすべて選び、記号で答えなさい。（5点）〔　　〕

ア 叙情詩《じょじょうし》　イ 叙事詩　ウ 文語定型詩《ていけいし》
エ 口語定型詩　オ 文語自由詩　カ 口語自由詩

(2) ［　　］に入る言葉を次から選び、記号で答えなさい。（5点）〔　　〕

ア ゆっくりと　イ ひしひしと
ウ だんだんと　エ ぐうんと

(3) ――線部①「きらら子たち」について、次の問いに答えなさい。（10点／一つ5点）

ⓐ 何を表現《ひょうげん》していますか。〔　　〕

ⓑ このような表現上のくふうを何といいますか。次から選び、記号で答えなさい。〔　　〕

ア 名詞止《めいしど》め　イ 倒置法《とうちほう》　ウ 擬人法《ぎじんほう》　エ よびかけ

(4) ――線部②「天の天まで見え透くようだ」とは、どういう様子を表現しているのですか。わかりやすく説明しなさい。（5点）

〔　　〕

(5) この詩は、内容のうえから三連に分けられます。第一連、第二連の終わりの行はどこか、数字で答えなさい。（10点／一つ5点）

第一連〔　　〕　第二連〔　　〕

〔上宮中―改〕

STEP 3

ステップ3

15〜16

月　日

時間 30分　合格 70点

答え➡別さつ21ページ

得点　　点

1 次の文章を読んで、あとの問いに答えなさい。（都合上、本文は一部変更《へんこう》してあります。）

「自然」と聞くと、まず君は、やっぱり海や山や、そこに生息するさまざまな動植物のことを思うだろう。自然というのは、人間を取り巻《ま》くそういう環境《かんきょう》のことを言うのだと思うだろう。

［①］それはその通りだ。生物としての人間は、そういう自然環境に取り巻かれて生きている。だけどその生物としての人間は、自分が生物としての人間だ、つまり自分自身が自然物だということを、どういうわけか忘《わす》れてしまう。人間は人間であって、自分を取り巻く自然環境とは別のものだと思ってしまう。自然とは自分の外側にあるものなのだと、どうしても思いやすいんだ。〔A〕

たぶんそれは、環境としての自然が、目に見える対象としてあるからだろう。人間はどうしても、目に見えるものだけが存在《そんざい》すると思いやすい。だけど、目に見えない自然もまた存在する。いや目に見えてはいるのだけど、②近すぎて見えていない、近すぎるから忘れてしまう自然のことだ。人間は、自分に最も身近な自然、いや、それなしでは自分が存在していないはずの自然のことを、見事に忘れてしまっているんだ。〔B〕

それは、体だ。人間の体、自分の体、君のその体のことだ。君は、自分のその体が自然だということに気がついていただろうか。自然というのは、自分の外側の自然環境のことを言うのであって、自分の体が自然の存在だなんて、思ってもみなかったのじゃないだろうか。だけど、③こんなこと、説明するまでもない。君が今まさに生きているその体は、人工物じゃない、自然のものだ。人間が作ったものじゃない。自然が作ったものだ。〔C〕

体が自然の存在だということに気がつけば、自然を求めて遠くの野山に出かけてゆくまでもない。君の体が自然そのもの、ある意味で、君そのものが自然なんだからね。自分とその外側の自然環境というとらえ方が、最初から間違《まちが》えていることがわかるだろう。体とは内なる自然、というより、君がその体で今生きているということそのことが、自然のことだということだ。

体が自然であることを忘れやすいのは、それが目には見えるけれども、半分は目に見えないということによるだろう。目に見える体のその働きは、目には見えない。人間は、自分が生きていることそのものとしての、呼吸《こきゅう》や消化の働きを見ることがない。それは生きていることそのものとして、感じることができるだけだ。だから人は、④そんなことはあんまり当たり前すぎて、忘れてしまうというわけだ。

（池田《いけだ》　晶子《あきこ》「14歳《さい》の君へ　どう考えどう生きるか」）

(1) ① に入る言葉を次から選び、記号で答えなさい。(10点)
ア むろん　**イ** つまり　**ウ** けれども　〔　〕

(2) 本文からは次の一文がぬけています。もどすのに適切《てきせつ》な箇《か》所を本文中の〈A〉～〈C〉から選び、記号で答えなさい。(10点)
何だと思う?　〔　〕

(3) ——線②「近すぎて見えていない、近すぎるから忘れてしまう自然」とは何のことですか。本文中から漢字一字でぬき出しなさい。(10点)　〔　〕

(4) ——線③「こんなこと、説明するまでもない」とありますが、「こんなこと」とは何を指していますか。「～ということ。」に続くように本文中から十一字でぬき出しなさい。(15点)
□□□□□□□□□□□ということ。

(5) ——線④「そんなことはあんまり当たり前すぎて、忘れてしまう」とありますが、具体的には何を「忘れてしまう」のですか。本文中から八字でぬき出しなさい。(10点)
□□□□□□□□

〔足立学園中—改〕

2 次の詩を読んで、あとの問いに答えなさい。

紙風船　黒田《くろだ》　三郎《さぶろう》

落ちてきたら
今度は
もっと高く
もっともっと高く
何度でも
打ち上げよう
美しい
願いごとのように

(1) この詩の用語、形式、内容《ないよう》による分類として、適切なものを次から選び、記号で答えなさい。(15点／一つ5点)
① 用語……**ア** 文語詩　**イ** 口語詩　〔　〕
② 形式……**ア** 定型詩《ていけい》　**イ** 自由詩　**ウ** 散文詩　〔　〕
③ 内容……**ア** 叙情詩《じょじょう》　**イ** 叙景詩　**ウ** 叙事詩　〔　〕

(2) この詩は、もともと二つの部分に分かれています。どこで分かれるかを考え、後半の初めの一行をぬき出しなさい。(10点)　〔　〕

(3) ——線「打ち上げよう」とありますが、打ち上げるものとして二つのものが考えられます。それぞれを五字以内でぬき出しなさい。(20点／一つ10点)
〔　〕〔　〕

〔共栄学園中—改〕

17 説明文を読む

学習のねらい

あることがらについて説明したり、筆者の意見や考え方を述《の》べた文章が説明文である。論文《ろんぶん》や解説《かいせつ》文もふくまれる。正確《せいかく》に要点をとらえ、また文章の特ちょうもおさえる。

月　日

答え⬇別さつ21ページ

ステップ1

1 ［文章の特ちょうをとらえて読む］次の文章を読んで、あとの問いに答えなさい。

オオバコは、柔《やわ》らかさと硬《かた》さを併《あわ》せ持って、踏《ふ》まれに強い構造《こうぞう》をしている。

①しかし、オオバコのすごいところは、踏まれに対して強いというだけではない。

オオバコの種子は、雨などの水に濡《ぬ》れるとゼリー状《じょう》の粘着《ねんちゃく》液《えき》を出して膨張《ぼうちょう》する。そして、人間の靴《くつ》や動物の足にくっついて、種子が運ばれるようになっているのである。オオバコの学名は*Plantago*。これは、足の裏《うら》で運ぶという意味である。タンポポが風に乗せて種子を運ぶように、オオバコは踏まれることで、種子を運ぶのである。

よく、道に沿《そ》ってどこまでもオオバコが生えているようすを見かけるが、それは、種子が車のタイヤなどについて広がっているからなのだ。

こうなると、オオバコにとって踏まれることは、耐《た》えることでも、克服《こくふく》すべきことでもない。もはや踏まれないと困《こま》るくらいまでに、踏まれることを利用しているのである。

「逆境《ぎゃっきょう》をプラスに変える」というと、「物事を良い方向に考えよう」というポジティブシンキングを思い出す人もいるかも知れない。

しかし、雑草の戦略《せんりゃく》は、そんな気休めのものではない。もっと具体的に、②逆境を利用して成功するのである。

（稲垣《いながき》　栄洋《ひでひろ》「植物はなぜ動かないのか　弱くて強い植物のはなし」）

(1) この文章の中で、作者が推測《すいそく》したことを述《の》べている文をさがし、初めの五字をぬき出して答えなさい。

□□□□□

(2) ①の段落《だんらく》の特ちょうとして最も適切《てきせつ》なものを次から選び、記号で答えなさい。

ア 前の段落の内容《ないよう》を否定《ひてい》する事実を示《しめ》している。
イ 前の段落とは別のことに話題を変えている。
ウ 前の段落を上回る内容でたたみかけている。
エ 前の段落の内容にくわしい説明を加えている。

〔　　〕

(3) ——線②「逆境を利用して成功する」とは、何を利用してどうするのですか。文中の言葉を用いて答えなさい。

〔　　　　　　〕

2 〔要点を読みとる〕次の文章を読んで、あとの問いに答えなさい。

明治以降《めいじいこう》の日本は、①西欧《せいおう》の理念や精神《せいしん》、社会をモデルにして、そこに近づくことを目標にしてきた。日本人たちのみてきた西欧、それは近代的自我《じが》にもとづく個人主義《こじんしゅぎ》の精神と、それによってつくられている社会であった。［A］②西欧が個人主義の世界だと思っていたのは、社会の半分しかみていない誤解《ごかい》だったのではないかと僕《ぼく》は考えている。［B］イギリスで独《ひと》り暮《ぐ》らしをしている老人から、こんな話を聞いたことがある。（私《わたし》たちは孤立《こりつ》して生活しているが、孤独《こどく》ではないのです。家を一歩出れば、私たちの友人たちの集《つど》うカフェやバーがいくらでもあるのですから。私たちは孤立しているからといっても孤独ではありません）。

［C］西欧は個人主義をひとつの原理にしているかもしれない。しかしそれを支《ささ》えるように、仲間たちの協同する社会が必ずつくられているのである。その協同社会の役割《やくわり》は、庶民《しょみん》になればなるほど強くなっていく。つまり仲間や友人同《どう》士《し》で、語り合い、助け合い、はげまし合っていく社会がしっかり根を張《は》っていて、その上に個人主義の社会もできているのである。ヨーロッパに僕が滞在《たいざい》していたときに住んでいた労働者の街になると、そこの労働者たちにとっては仲間や友人たちの社会がすべてであって、個人主義などというものは、お互《たが》いの労働を尊重《そんちょう》し合うという以外のものでは、なくなってしまっているぐらいである。

（内山《うちやま》 節《たかし》「自然と労働—哲学《てつがく》の旅から」〔農山漁村文化協会〕）

(1) 本文中の［A］～［C］にあてはまる語を次から選び、記号で答えなさい。ただし、同じ語を二度用いないこととします。

ア だが　**イ** もっとも　**ウ** 確《たし》かに
エ たとえば　**オ** 要するに

A〔　〕 B〔　〕 C〔　〕

(2) ——線①「西欧の理念や精神、社会」とありますが、日本が目標として見てきた西欧のそれらはどのようなものですか。本文中から三十五字以内でそのまま抜《ぬ》き出し、はじめと終わりの五字を答えなさい。

□□□□□ ～ □□□□□

(3) ——線②「西欧が個人主義の世界だと思っていたのは、社会の半分しかみていない誤解だったのではないかと僕は考えている」とありますが、筆者は西欧の世界をどのようなものだと考えていますか。まとめて述《の》べられている一文を本文中から探《さが》し、はじめの五字を答えなさい。

□□□□□

〔東京女学館中—改〕

ステップ２

答え➡別さつ21ページ

時間 30分　合格 80点　得点　　点

月　　日

重要 **1** 次の文章を読んで、あとの各問いに答えなさい。

(一) むかしから言われている読書《どくしょ》技術《ぎじゅつ》のひとつに、ノートをとれ、ということがある。読み進むにつれて、書きぬきをつくったり、おぼえがきや感想を書いたりせよ、というのである。（　Ａ　）、わたしはそういうやりかたには、①サンセイできない。少しずつ、こつこつと読むのをすすめないのとおなじ理由からである。いちいちそんなことをしていたら、読むほうがなかなか進まない。それに、どうしても細部にかかずらわってしまって、本全体の見とおしがつきにくくなる。ときには、くたびれてしまって、しまいまでゆかないうちにその本をなげだしてしまう、ということにもなりかねない。本ははじめから終わりまで読むということを眼目《がんもく》とすれば、こういうざせつしやすい方法はよくない。とにかくも全巻《ぜんかん》を一ぺん通読することこそ、第一であろう。

(二) もっとも、読んでいるうちに、ここは大切なところだとか、書きぬいておきたいなどと思うか所にゆきあうことが少なくない。そういうときには、これもむかしから言われていることのひとつだが、そのか所に、心おぼえの傍線《ぼうせん》を引くほうがよい。とりあえずこうして印を付けておいて、書きぬきもノートも、すべて一度全部読み終わってからあと、ということにするのである。線を引くのに、赤えん筆や青えん筆を使う人も少なくないようだ。わたしは、2Bのえん筆で、かなり太い線を、黒ぐろと入れる。（　Ｂ　）、電車の中でもどこでも、やわらかいえん筆は使いやすいし、こい線の色は、あとからさがすのに②ベンリだからである。

(三) もっとも、こういう習慣《しゅうかん》ができあがってしまうと、困《こま》ることもある。2Bのえん筆がないと、気が落ち着かず読書ができないのだ。ときどき、汽車の中などで、えん筆がないことに気が付いて、おおいにあわてることがある。③マンネンヒツならいつでも持っているのだが、たいていの本の紙は、インキを裏《うら》までとおすので、線を引くには適《てき》さない。

(四) 線のほかに、らん外にちょっとしたメモや、見出し、感想などを書き入れるのもいいだろう。その場合も、④ケッキョクえん筆がいちばんいい。読書をするために道具がいるというのも変な話だが、どうも、えん筆というものは、読書のための不可欠《ふかけつ》の道具かもしれない。

（梅棹《うめさお》　忠夫《ただお》「知的生産の技術」）

(1) (A)・(B)の中に入る適切《てきせつ》なつなぎ言葉を、次から選び、記号で答えなさい。(20点／一つ10点)

Ａ〔　　〕　Ｂ〔　　〕

ア だから　**イ** なぜなら　**ウ** それとも　**エ** しかし

(2) (二)の段落《だんらく》をさらに二つに分けるには、どこで区切るのがいちばんよいですか。後半のはじめの五文字を書きなさい。（10点）

□□□□□

(3) ——線「こういう習慣」とは何を指していますか。二十字以上、二十五字以内で答えなさい。なお、句読点《くとうてん》も一字として数え、文末は「〜習慣」で結ぶこと。（15点）

□□□□□□□□□□□□□□□□□□□□□□□□□

(4) 次の四つの文の中で、筆者のすすめる読書技術として、適切なものを次から選び、記号で答えなさい。（10点）〔　〕

ア 2Bのえん筆で、大切なところだと思ったか所を書きぬいておき、あとでノートにまとめる方法。

イ 一ぺん通読して、そのあとに大切なか所などに印をつけていき、最後にノートにまとめる方法。

ウ 読み進むにつれて、書きぬきをつくったり、おぼえがきや感想を書いたりする方法。

エ 大切なか所に傍線を引いたり、らん外にメモや見出しなどを書き入れたりしながら読み通す方法。

(5) ——線①〜④のかたかなの部分を漢字に直しなさい。（20点／一つ5点）

①〔　〕 ②〔　〕 ③〔　〕 ④〔　〕

〔宮崎大附中〕

2 次の（①）〜（⑤）に、あとのア〜オまでの文を入れて、意味の通る一つの文章を完成させなさい。（25点／一つ5点）

数万年も前の人たちがかきのこした動物の絵のことは、君たちも知っているだろう。

（①）

（②）

二百メートル三百メートルも奥《おく》の方、なかには千メートルも奥の方にあるのだ。

（③）

（④）

（⑤）

いくら大昔の人だって、見せるためだったら、見るのにとても不便なところにかくなんておかしいからだ。

ア ぼくは、ほんものを見たことはないけれど、その絵はずっと奥の方にあるということだ。

イ そこは人が住んでいたところではない。

ウ スペインのアルタミラの洞窟《どうくつ》やフランスのラスコーの洞窟などにのこされている絵のことだ。

エ だから、いまの展覧会《てんらんかい》の絵のようにみんなに見せるためにかかれたものとは、ちがうように思われる。

オ みんながながめるのに都合がいいところでもない。

①〔　〕 ②〔　〕 ③〔　〕

④〔　〕 ⑤〔　〕

〔国府台女子学院中—改〕

18 論説文《ろんせつぶん》を読む

学習のねらい
筆者が、あることがらについて論じ、自分の意見を述《の》べたものが論説文である。段落《だんらく》に分け、段落の中心をつかんで文章構成《こうせい》を考え、論旨《ろんし》をつかみとることが大切である。

月　日

答え⬇別さつ22ページ

STEP 1 ステップ1

1 [論旨を読みとる] 次の文章を読んで、あとの問いに答えなさい。

人当たりのいい言葉ばかりを口にする人物は、やさしい人とみなされがちだが、じつは自分が嫌《きら》われたくないだけなのだ。いい人に見られたいだけなのだ。気になるのは、「相手のためを思ってそうするのではないのだ。相手のためにどうするのがいいか」ではなく、「自分がどう思われるか」という、この一点なのである。

①本来のやさしさとは、相手のことを思いやる気持ちのはずだ。相手が傷《きず》つくような厳《きび》しいことは言わず、相手の気分がよくなるようなことばかり口にする人物は、人のことを気にしながらも、「相手そのもの」に関心があるわけではなく、「相手の目に映《うつ》る自分の姿《すがた》」に関心があるだけなのである。

つまり、相手に対して、

「元気がないな、何かあったのかな」

「ここでどんなことを言うのが相手のためになるのかな」

などと考えるのではなく、

「なんか態度《たいど》がおかしいな、気分を害するようなことを言っちゃったかな」

「こんなことを言うと感じ悪いかな」

などと、常《つね》に自分がどう思われるかに関心があるだけなのである。

このような人は、②今どきのやさしさの基準《きじゅん》からすればやさしいとみなされがちだが、ほんとうはやさしいというよりも、自己《じこ》愛が強いとみなすべきだろう。

(榎本《えのもと》 博明《ひろあき》『「やさしさ」過剰《かじょう》社会　人を傷つけてはいけないのか』)

(1) ――線①「本来のやさしさ」とは、どうすることですか。

〔　　　　〕

(2) ――線②「今どきのやさしさ」とは、どうすることですか。文中からぬき出して答えなさい。

〔　　　　〕こと。

(3) 筆者が重視《じゅうし》するものを次から選び、記号で答えなさい。〔　　〕

ア いい人に見られることでなく、相手への思いやり。
イ 気分を害する言葉でなく、人当たりのいい言葉。
ウ 相手へのやさしさよりも、自己愛の強さ。
エ 相手への厳しさでなく、ほめること。

2 ［文章の構成を考える］ 次の文章を読んで、あとの問いに答えなさい。

①知的な活動の根本は、記憶《きおく》によって得《え》られる知識《ちしき》ではありません。㋐生活から離別《りべつ》した知識は、むしろ考える力を低下させるおそれさえあります。㋑こういうことを、しっかり頭に入れておかなくてはなりません。㋒習得《しゅうとく》した知識を生かす上で役に立つのは、せいぜい三十代まででしょう。㋓四十代、五十代ともなれば、知識だけではダメです。㋔知性《ちせい》をはたらかせなくてはなりません。㋕さらに、六十代以降《いこう》の②第二の人生を実現《じつげん》させたいなら、置き去りにしてきた思考力を少しでも取り戻《もど》す必要があります。㋖それには、自分が受けてきた知識教育の足かせをはずして、自らの頭を自由にすることです。㋗年をとってからの頭の使い方は若《わか》いころの思考力ともまた異《こと》なるもので、後半生で獲得《かくとく》する新たな独創力《どくそうりょく》です。㋘これこそが、後半生を実り多いものにする力です。

（外山《とやま》　滋比古《しげひこ》『50代から始める知的生活術《じゅつ》「人生二毛作」の生き方』）

(1) 右の文章を四つの段落《だんらく》に分けると、どこに区切りをつけたらよいですか。区切りになる記号を答えなさい。

第一段落と第二段落の区切り……〔　　〕

第二段落と第三段落の区切り……〔　　〕

第三段落と第四段落の区切り……〔　　〕

(2) 右の文章の組み立てはどのようになっていますか。述《の》べられている順に並《なら》べて記号で答えなさい。

ア 知識が通用するのは若いうちだけである。

イ 若いころと年をとってからとは、頭の使い方がちがう。

ウ 記憶することを重視《じゅうし》するのは危険《きけん》である。

エ 第二の人生に思考力は欠かせない。

〔　　〕→〔　　〕→〔　　〕→〔　　〕

(3) ――線①「知的な活動の根本は、記憶によって得られる知識ではありません」とありますが、何をはたらかせる必要がありますか。文中から二字でぬき出して答えなさい。

(4) ――線②「第二の人生を実現させたいなら」とありますが、実現するとどんなよいことがあるのですか。文中の言葉を用いて二十五字以内で答えなさい。

(5) 筆者が述べようとしていることの中心を次から選び、記号で答えなさい。〔　　〕

ア 知識よりも思考力をはたらかせることが大事だ。

イ 年代によって人間に必要な能力《のうりょく》は異なっている。

ウ 老後の知的活動のためにも知識の習得は必要だ。

エ 年をとると頭が自由になり、人生が豊《ゆた》かになる。

ステップ2

月　日

答え➡別さつ22ページ

時間 30分　合格 80点

得点　　点

1 次の文章を読んで、あとの問いに答えなさい。

みなさんの家では新聞を取っていますか？　取っていない家庭が多いと思います。今はインターネットが普及《ふきゅう》しているので、わざわざ新聞を取らなくても、ネットで無料の情報《じょうほう》が好きなだけ検索《けんさく》できるようになっています。

「新聞なんて、必要なの？」そんな声も聞こえてきそうですね。でも新聞はやはり必要だと私は思います。ネットに＊1メリットがあるように、①新聞にもメリットがあるんです。

そのメリットは何かというと、ひとつにはネットの画面で見るより、紙に印刷された文字で読むほうが記憶《きおく》が定着することです。

ネットの情報はどうしても画面をサーッと流してしまいがちです。感覚的に文字が頭にひっかからないので、記憶にあまり残らない。サーッと読めてしまうのが、ネットの良《よ》いところでもあるのですが、記憶に定着するかという点で見たら、紙に印刷されたもののほうが、圧倒《あっとう》的に有効《ゆうこう》なのではないでしょうか。

なぜかというと、紙に印刷されたものは、文章が書いてあった場所や形を記憶にとどめやすいからです。

みなさんも新聞の紙面を思いだしてみてください。見出しの位置や大きさがみな違《ちが》いますし、記事が縦長《たてなが》だったり、横長だったり、レイアウトがいろいろですね。みな違うので、記憶にひっかかるフックがたくさんあるのです。

教科書もそうですね。私《わたし》は世界史《せかいし》や日本史を勉強するとき、「あの話は教科書の右上に書いてあった」「あの項目《こうもく》は左すみにあった」など、場所や位置で記憶していました。

でももしそれらの事項がバラバラにタブレットの画面に出てきたら、ものすごく記憶しづらかったと思います。ネットの場合、全部が横書きの同じパターンで出てくるので、メリハリがなく、記憶に残りにくいのです。

たとえていえば、新聞の面は住宅地《じゅうたくち》で、そこに掲載《けいさい》されている記事は家のようなものです。新聞の場合はいろいろな形の家がさまざまなレイアウトで存在《そんざい》しているので、和風テイストのあの家とか、赤い屋根の洋館のあの家などと、ひとつひとつが記憶しやすい。

一方、ネットの記事は整理されているので、同じ形の家がずっと続いていくような感じです。つまり人工的な街なみなので、どの家をとっても記憶しづらいのです。

新聞のほうがいろいろな記事を、航空図《こうくうず》のように一覧《いちらん》できる良さがあります。

この「一覧性《せい》」が新聞のメリットです。ぱっと開いたときに全体を見通しやすいので、ざっと見出しを見て、その中でセレクトして記事を読むことができます。

　ネットは順番に流してみていくことしかできませんから、新聞のような一覧性はないわけです。
　②もちろんネットにも良い点はあります。記事を検索することにかけてはネットの右に出るものはありません。過去《かこ》の記事の検索はネットなら一発でできます。関連する記事をまとめて読むこともできます。
　これが新聞だと、図書館まで行って、いちいち他の新聞を調べたり、過去の*2縮刷版《しゅくさつばん》を広げなければいけません。その手間たるや、考えただけで気が遠くなります。ネットがない時代は、一日中、図書館にこもってそんなこともしていたわけです。

　そう考えるとネットの便利さははかりしれません。でもだからといって、ネットだけで事足りるわけではないと私は思います。

　印刷された新聞ならではの良さがある。それを忘《わす》れてはいけないと私は思います。


（斎藤《さいとう》　孝《たかし》「新聞力　できる人はこう読んでいる」、一部改変《かいへん》）

＊1　メリット＝利点。
＊2　縮刷版＝新聞などの印刷物を、もとの大きさから縮小して印刷したもの。

---

(1) ――線①「新聞にもメリットがあるんです」とありますが、それはどのようなことですか。二つ説明しなさい。（40点／一つ20点）

〔　　〕
〔　　〕

(2) ――線②「もちろんネットにも良い点はあります」とありますが、それはどのようなことですか。説明しなさい。（20点）

〔　　〕

(3) 本文の内容として正しいものには○を、間違っているものには×を答えなさい。（40点／一つ10点）

㋐ ネットの記事は、全部が横書きの同じパターンで出てくるので、メリハリがなく、記憶に残りにくい。
㋑ 記事を検索する場合、図書館まで行って調べるという手間をかけることによって、印刷された新聞の良さを感じることができる。
㋒ これからの時代は、印刷された紙の新聞よりも、便利なネットの新聞の記事を大いに活用していくべきである。
㋓ 今はインターネットが普及しているので、わざわざ新聞を取らなくても、ネットで無料の情報が好きなだけ検索できるようになった。

㋐〔　〕　㋑〔　〕　㋒〔　〕　㋓〔　〕

〔跡見学園中―改〕

月　日

答え⬇別さつ22ページ

時間 30分　合格 70点

得点　　点

1 次の文章を読んで、あとの問いに答えなさい。

＊1甲殻類《こうかくるい》や昆虫類《こんちゅうるい》は外骨格《がいこっかく》生物といい、体表を包むかたい殻《から》で体を支《ささ》えています。そのため成長して体を大きくするときには、この殻を脱《ぬ》がなければなりません。そして、脱ぐたびに新しい殻をつくらなければならないのです。これは大きなエネルギーの損失《そんしつ》です。【　☆　】

ところで、環境《かんきょう》変化に応《おう》じてミジンコが変化させるものは形態《けいたい》だけではありません。体の色も変えるのです。

近くに水のなかの酸素《さんそ》が少ない水たまり（水桶《みずおけ》でもよい）があったら、その水を採《と》ってきて、そのなかでミジンコ（ダフニア・ピュレックス）を飼《か》ってみてください。日が当たらない場所にあって、そのなかに落ち葉や泥《どろ》がたまっている水たまりがあれば、その水中の酸素濃度《のうど》は低いかもしれません。ただし、①魚がすんでいたならその水は使えません。魚は酸素不足に弱いので、水のなかで魚が元気にしていたならば、そこには十分な酸素があることを示《しめ》しています。

実験的に酸素濃度の低い水をつくることもできます。口の細い三角フラスコにミジンコの飼育《しいく》水を入れ、細いチューブで窒素《ちっそ》ガスを吹《ふ》きこみます。そうすると水中の酸素濃度が低下します。ここでその濃度を測《はか》るために＊2溶存《ようぞん》酸素計が必要になるのですが、その酸素濃度を一リットル当たり一～三ミリグラムの範囲《はんい》に維持《いじ》してください。そこにミジンコの餌《えさ》を入れて数日間ミジンコを飼育してみましょう。大事なことは、酸素濃度が三ミリグラムより高くなったり、酸素がなくなってしまわないように気をつけることです。そうするとミジンコの体が赤くなってきます。

なぜ赤くなるのだと思いますか。赤い色をつくる物質《ぶっしつ》は何でしょう。

じつは、これは②ヘモグロビンの色なのです。ヘモグロビンという名前は聞いたことがありますよね。そう、私《わたし》たちの血液《けつえき》のなかにある色素タンパクです。この色素は酸素との結合力が強いため、これを持っていると環境中から酸素を取りこむ効率《こうりつ》が高くなります。私たちの血が赤いのは、血液のなかにたくさんのヘモグロビンがふくまれているためなのです。

ミジンコは私たちのようにヘモグロビンをつくる能力《のうりょく》を持っています。そして、酸素不足の環境にさらされていると血液中のヘモグロビン濃度を高め、水中から酸素を効率よく取りこむようになります。それによって、酸素濃度の低い環境でも生きのびることができるのです。すごい適応力《てきおうりょく》ですね。

［③］、この能力を持っているミジンコの種は限《かぎ》られています。それは、オオミジンコ、ダフニア・ピュレックス、オカメミジンコ、タマミジンコなどです。

ミジンコはヘモグロビンを持つと、酸素濃度が低いときはもちろんのこと、それが高いときでも体の活動が活発になり、餌《えさ》を食べる速度がはやくなることが知られています。それならばいつでもヘモグロビンをつくって赤くなっていればよいのに、なぜ酸素濃度が低下したときにだけ赤くなるのでしょう。

そのわけには魚が関係しています。魚は眼《め》で獲物《えもの》を探索《たんさく》しています。ですからミジンコは魚に見つからないように体を透《とう》明《めい》にしているのです。そのミジンコがヘモグロビンをつくって赤くなってしまうと、どうでしょう。［★］。ですからふだんはほとんどヘモグロビンをつくっていないのです。

＊1　甲殻類＝ミジンコ・エビ・カニなどの、体が殻で覆《おお》われた節足動物の一種。
＊2　溶存酸素計＝その環境の酸素を計測する機械。

（花里《はなさと》　孝幸《たかゆき》「ミジンコはすごい！」）

---

(1) 【☆】の部分には、次のA～Dの文が入ります。並《なら》べる順番として最も適切《てきせつ》なものをあとから選び、記号で答えなさい。(20点)〔　　〕

A しかし、その一方で、環境の変化に応じて柔軟《じゅうなん》に体の形を変えられるという大きな恩恵《おんけい》もミジンコに与《あた》えているのです。

B 体長二ミリメートルのダフニアの一回の脱皮《だっぴ》で失うエネルギー量は、卵《たまご》二個《こ》分の生産量に匹敵《ひってき》し、体長が四ミリメートルになると卵十七個分にもなるという報告《ほうこく》があります。

C その損失量は生物個体が大きくなるほど多くなります。

D 脱皮はこれだけの負担《ふたん》をミジンコに強《し》いています。

ア C—B—D—A　**イ** A—B—D—C　**ウ** D—C—B—A
エ C—D—B—A　**オ** A—B—C—D

(2) ——線①「魚がすんでいたならその水は使えません」というのはなぜですか。理由として最も適切なものをあとから選び、記号で答えなさい。(20点)〔　　〕

ア 酸素の少ない別の水たまりに入れると、魚が弱ってしまうから。
イ 落ち葉や泥がたまっている水は酸素が少なく、魚がすむのに適していないから。
ウ 実験で飼おうとしているミジンコが、魚に食べられてしまうから。
エ 魚がすむ水は酸素が多く、赤いミジンコの実験には適していないから。

(3) ——線②「ヘモグロビン」によってミジンコはどのように変化しますか。本文中の言葉を使って六十字以内で説明しなさい。(30点)

(4) ［③］に入る最も適切な語句を次から選び、記号で答えなさい。(10点)〔　　〕

ア ただし　**イ** さて　**ウ** ところで　**エ** そうすると

(5) ［★］に入る文として最も適切なものを次から選び、記号で答えなさい。(20点)〔　　〕

ア とても逃《に》げる速度が速くなり、魚に負けずに餌を食べることができますね。
イ とてもめだつようになり、真っ先に魚に食べられてしまいますね。
ウ とても活発になり、魚の探索から逃げる可能性《かのうせい》が高くなりますね。
エ とても見つかりやすくなり、酸素不足でも魚に追いつかれてしまいますね。

〔かえつ有明中—改〕

19 観察文を読む

月　日

答え⬇別さつ22ページ

学習のねらい
自分の経験《けいけん》を通して、観察したことをありのままに記録したものが観察文である。図表・写真・グラフなどを手がかりにして、時間的な経過《けいか》にそって、事実を読みとる。

ステップ1

1 ［正確《せいかく》に読む］次の文章を読んで、あとの問いに答えなさい。

雨上がりの後《あと》の物ほしざおを見ると、たくさんのしずくがならんでいる。（　①　）見つめていると、なかなかおもしろい運動をする。水晶《すいしょう》のようにすきとおった美しい玉は、日光にはえて（　②　）光る。（　③　）ならんでいるので、ちょうちんのように思える。

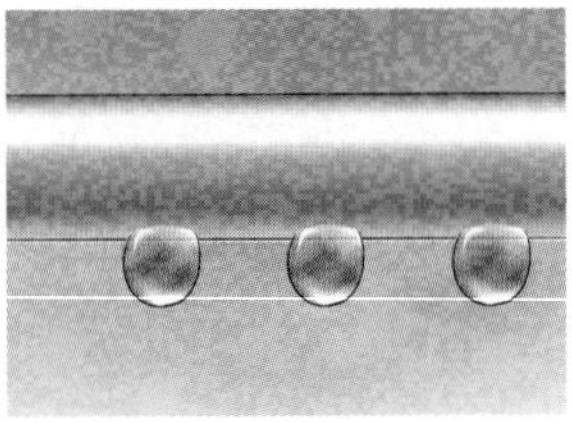

(1) ～～線「おもしろい運動をする」とありますが、何がおもしろい運動をするのですか。

〔　　　　〕

(2) 何かにたとえて表現《ひょうげん》している言葉をぬき出しなさい。

〔　　　　〕〔　　　　〕

(3) また、そのたとえはどんな様子をたとえたものですか。

〔　　　　〕〔　　　　〕

(4) （　）①～③の中に入る言葉をあとから選び、記号で答えなさい。

ア なかなか　イ ずらりと　ウ しだいに　エ ぽとりと
オ じっと　カ すうっと　キ きらきら

①〔　　〕　②〔　　〕　③〔　　〕

2 重要 ［正確に読む］次の文章を読んで、あとの問いに答えなさい。

メダカもカエルもニワトリも、生活する場所はちがうし、親になったときの大きさ、形もたいへんちがっています。

ところが、ふしぎなことに、たまごの中で育つようすをくらべてみますと、①よくにたところがあるのに、おどろかされます。

まずはじめは、細ぼうがこまかくわれて、数がふえます。そして神経《しんけい》や目ができます。このころのメダカもニワトリも細長く、魚のようで、よくにています。

つづいて、はいのからだはまがり、目や尾《お》やせきずいが、だんだんつくられていきます。

また、はいは水中生活をしています。ニワトリは、羊水という水の中にういています。

おもしろいことに、ニワトリにもヒトにも、魚のようなえらをもつ時期があるということです。魚でもない鳥やヒトが、どうしてえらなどあるのかふしぎですね。

このようにして、はいの育ちはじめは、魚も、鳥も、ヒトもよくにていて、区別しにくいくらいです。

②このことは、これらの動物の祖先《そせん》が、きっと同じだったのではないかという考えのしょうこになっています。

（清水《しみず》　清《きよし》「たまごのひみつ」）

(1)　――線①「よくにたところ」を三つ書きなさい。

〔　　　　〕

〔　　　　〕

〔　　　　〕

(2)　――線②「このこと」とありますが、どのようなことを指していますか。

〔　　　　〕

3　〔要旨《ようし》を読みとる〕次の文章を読んで、あとの問いに答えなさい。

オジギソウは、さわると急に動くので、〝動く植物〟の代表として、むかしから知られています。

オジギソウという名前は、葉にさわると、おじぎをするように葉を下げることからつけられました。

オジギソウの葉は、熱いものを近づけただけでも動きます。蚊取《かと》り線香《せんこう》の火を葉の先に近づけると、約一秒後に葉がとじはじめます。そうしたら、線香を葉からはなし、どのような順序《じゅんじょ》で葉がとじていくか、観察してみましょう。

葉は、熱を加えられた先の方からつけ根に向かってとじていきます。つけ根までとじてしまうと、つぎは、ほかの葉のつけ根から先に向かって、葉がとじていきます。そして、葉が全部とじると、葉と茎《くき》とのつけ根の部分がたれ下がります。

このようすを見ていると、運動をおこさせる何物かが、葉から葉へ、葉から茎へと、まるで植物の中を流れているかのようにみえます。

（清水《しみず》　清《きよし》「植物は動いている」）

(1)　さわること以外に、オジギソウは何で動くのですか。文中からぬき出して答えなさい。

〔　　　　〕

(2)　オジギソウが動くようすを見ていると、どんなことが考えられますか。文中から三十九字でさがし、はじめとおわりの五字を書きなさい。

□□□□□～□□□□□

(3)　右の文章に題をつけるとすると、次のどれがよいですか。適切《てきせつ》なものを選び、記号で答えなさい。

ア　オジギソウの名前の由来　　イ　オジギソウの運動

ウ　オジギソウの観察　　エ　オジギソウの一日

〔　　〕

ステップ2

月　日

時間 30分　合格 80点

答え⬇別さつ23ページ

得点　　点

1 次の文章を読んで、あとの問いに答えなさい。

ヒキガエルは、青虫・ガ・イナゴ・カ・ハエ・ナメクジ・ダニなど、農作物や家畜《かちく》に害をあたえるものを、片《かた》っぱしから食べてくれる。だが、あの動作のにぶいヒキガエルが、いったいどのようにしてこれらの小動物を退治《たいじ》するのであろうか。

あるとき、科学者が、ヒキガエルがえものをとるところをカメラに収《おさ》めようとして、その前にミミズを置いた。そして、①カメラをのぞくと、もうミミズはなかった。ほかにだれもミミズにふれた者はいないし、ヒキガエルが動いた様子もないのに、ミミズはかげも形もない。まるで、蒸発《じょうはつ》してしまったかのようだ。再度《さいど》ミミズを置き、急いでカメラをのぞいたが、今度もやっぱりミミズはなくなっていた。ヒキガエルは、同じ所に平然とこしを下ろし、何かを飲みこんでいた。

ヒキガエルがミミズをとったことは容易《ようい》に推測《すいそく》できるのだが、その早業《はやわざ》の秘密《ひみつ》を観察することができない。そこで、特別な装置《そうち》を作り、毎秒三百こまの高速度カメラでさつえいした結果、やっとそのなぞが解《と》けた。

ヒキガエルの武器《ぶき》は、舌《した》である。それは、ぴんとのばしたゴムひものように、口から飛び出してミミズにふれたかと思うと、たちまちのうちにもどっている。ヒキガエルの舌は、最高十センチメートルはなれた所にあるえものをとらえることが可能《かのう》であり、しかもこの動作にかかる時間は、わずか十五分の一秒である。そのため、②人間の目には映《うつ》らないのである。

さらに研究を進めると、ヒキガエルがたいへんすばらしい射手《しゃしゅ》であることが分かった。ふつう、ヒキガエルは、動いている生きた動物だけをとり、死んだ動物には見向きもしない。目がその場の様子を正確《せいかく》にとらえ、重要な情報《じょうほう》だけを脳《のう》に送る。[A]、ハエが近くを飛んでも、舌の届《とど》かない所であれば、目は脳に情報を送らず、まるで目に入らないかのように、ヒキガエルはじっとしている。[B]、いったん舌の届くきょりに入ったとたん、すばやく動く虫でも一発でしとめてしまう。

（中略《ちゅうりゃく》）

ヒキガエルは姿形《すがたかたち》がみにくいだけでなく、国によっては、人間に不幸をもたらす動物だという俗説《ぞくせつ》が古くからあった。しかし、本当は、さまざまな害虫に対するまたとない天敵《てんてき》であって、利用の仕方次第《しだい》で人間に幸福をもたらす動物なのである。

（金光《かねみつ》　不二夫《ふじお》「またとない天敵」）

(1) A・B に入る言葉を次から選び、それぞれ記号で答えなさい。(20点/一つ10点)

ア なぜなら　イ すると　ウ ところが
エ 例えば　オ そこで

A〔　〕 B〔　〕

(2) ――線①「カメラをのぞくと、もうミミズはなかった」とありますが、このことを筆者はどのようにたとえていますか。二十字以内でぬき出して答えなさい。(10点)

(3) ヒキガエルの武器は何ですか。(5点)

〔　〕

(4) ――線②「人間の目には映らない」とありますが、それはなぜですか。四十字以内で答えなさい。(25点)

---

2 次の文章を読んで、あとの問いに答えなさい。

アサガオのつる、つまり茎《くき》は、いったん棒《ぼう》などにまきつくと、あとは棒を中心に、上から見て左まきのらせんをえがきながら、上へのびていきます。

このまき上がり運動は、二つの運動がくみあわさったものです。そのひとつは、茎が棒にふれると、ふれた反対側がより多く生長する、まきつき運動です。もうひとつは、茎が上へのびようとする運動です。

つるには、下向きに細い毛がたくさんはえています。つるが、棒からずり落ちないように役立っているのです。

(清水《しみず》 清《きよし》「植物は動いている」)

(1) ――線部「このまき上がり運動」とありますが、どのような運動ですか。三十字以内で答えなさい。(10点)

(2) (1)はどのような運動がくみあわさったものですか。文中から二つぬき出して答えなさい。(20点/一つ10点)

〔　〕
〔　〕

(3) つるが棒からずり落ちないのは、なぜですか。(10点)

〔　〕

20 日記・手紙を読む

月　日

答え⬇別さつ23ページ

学習のねらい

日記では、行動や経験《けいけん》だけでなく、感想や考えなどを読むことも大切である。自分を対象《たいしょう》にしているので常体《じょうたい》が多い。手紙は、相手によっては敬語《けいご》が使われている。

STEP 1 ステップ1

1 ［日記］次の日記を読んで、あとの問いに答えなさい。

六月二十三日（水）雨

①朝、テレビで、昨日の、九州の大雨のニュースを見た。②流されていく家も映《うつ》った。③災害《さいがい》地の人たちは、どんなに㋐悲しいことだろう。④原子力を利用して、大雨がふらないようにすることが、㋑できないものだろうか。⑤夜、洋一《よういち》さんが、バナナを持ってきてくれた。

(1) 事実（事がら）を述《の》べている文はどれですか。番号で答えなさい。［　］［　］［　］

(2) また、感想や考えを述べている文はどれですか。［　］［　］

(3) 文中の次の言葉は、それぞれどんな使い方をしていますか。あとから適切《てきせつ》なものを選び、記号で答えなさい。

㋐ 悲しいことだろう。［　］

㋑ できないものだろうか。［　］

ア できるようになってほしいと、願いをこめている。

イ 空想を働かせている。

ウ 心をおしはかっている。

2 ［日記］次の日記を読んで、あとの問いに答えなさい。

友だちと家庭教師《きょうし》をたのむ相談をして帰ったが、またしても家で反対された。「自分の力でできない者が他人の力をかりてできるはずがない。2×3＝6ということをならったら、自分で努力して3×2＝6というやり方を見つけ出してこそ、自分の力になるのではないか。」と父に言われた。また、「わからないことは、お父さんに聞けばいいのに。」と母は言うけれど、わが家の家庭教師は、最近あまりあてにならないし、ふたことめには、自分で調べろというし、やっぱり、自分でがんばるより手はないかな――。

(1) ――線部の「わが家の家庭教師」とはだれのことですか。次から選び、記号で答えなさい。［　］

ア 父　**イ** 母　**ウ** 兄　**エ** 友だち

(2) 日記を書いた人は、けっきょくどう思ったのですか。その思いが書いてある部分をぬき出しなさい。

［　　　　］

重要

3 [手紙] 次の手紙を読んで、あとの問いに答えなさい。

① 毎日暑い日が続きますね。② 今日は八月三日ですから夏休みになってから、まだ二週間しかたっていないのですが、もうずいぶんたったような気がします。③ 元気なふみえさんのことですから、暑さなんかに負けないで、㋐はりきっていらっしゃるでしょうね。④ ところで、お手紙をさしあげるのは、ひとつ、お願いがあるのです。⑤ 休みになる前に、ふみえさんのおうちで、じゅうしまつがたくさん生まれて、ほしければあげる、と言っていらっしゃいましたね。⑥ まだ、いただけるでしょうか。⑦ かってなお願いで申しわけありませんが、もし分けていただけるのでしたら、一つがい、㋑いただけませんか。⑧ 分けていただけるのでしたら、㋒ごつごうのよい日にうかがいます。⑨ 前に一度かったことがあるので、かい方は知っています。⑩ ご返事をお待ちしています。

(1) この手紙の目的は、何ですか。次から選び、記号で答えなさい。 〔　　〕

ア ものをたずねる　イ ものをたのむ
ウ お礼を言う　エ ものを知らせる
オ みまう　カ 祝う

(2) この手紙の前書き、本文、あと書きの部分は、それぞれどこまでですか。文の番号で答えなさい。

前書き〔　　〕　本文〔　　〕　あと書き〔　　〕

(3) 文中の～～線を引いた言葉を、ふつうの言い方に直しなさい。

㋐ はりきっていらっしゃる 〔　　〕
㋑ いただけませんか 〔　　〕
㋒ ごつごうのよい日にうかがいます 〔　　〕

4 [手紙] 次の文章は手紙の一部ですが、目上の人に対する尊《そん》敬《けい》を表す言葉として、直したほうがよいところが三か所あります。例にならって直しなさい。

先生、例元気ですか。別れて一か月近くになります。同じクラスだった友だちも中学校に入学してからは、はなればなれになってしまい、とても心細い感じでした。中学校では科目ごとに先生がかわります。国語は女の先生で、最初の時間には宮沢賢治《みやざわけんじ》の詩を朗読《ろうどく》してくれました。

例〔元気〕→〔お元気〕
(1)〔　　〕→〔　　〕
(2)〔　　〕→〔　　〕
(3)〔　　〕→〔　　〕

〔立正女子大附属立正学園中―改〕

ステップ2

月　日

時間 30分　合格 80点　得点　点

答え⬇別さつ24ページ

1 次の手紙について、あとの問いに答えなさい。（20点／各完答一つ5点）

元気でやっていることと思います。こちらは、もう三度も雪が降《ふ》りました。私《わたし》たちもすっかり寒いのが苦手《にがて》になってしまって……。

ヒロシも来年はいよいよ小学校ですね。お祝いは何がいいだろうと、毎晩《まいばん》、父さんと話しています。

でも、早いものですねえ。あなたが小学校に入学したのがつい昨日《きのう》のように思い出されます。あのころは、ランドセルどころか教科書も満足に買ってやれなくて、あなたにもずいぶんとみじめな思いをさせてしまいました。あれから、もう……。

お正月には家族みんなで帰って来られますか。父さん、タケシさんと一杯《いっぱい》やるのを、とっても楽しみにしていますよ。ヒロシの好きなお餅《もち》もいっぱいつくっておきます。もちろん、あなたの大好きな黒豆も。身体《からだ》に気をつけて。

母より

(1)～(4)の人物のつづきがら（あいだがら）は、それぞれ何と何ですか。あとから選び、記号で答えなさい。

(1) ヒロシとあなた　〔　〕と〔　〕

(2) あなたと私たち　〔　〕と〔　〕

(3) タケシさんとあなた　〔　〕と〔　〕

(4) ヒロシと父さん　〔　〕と〔　〕

ア 祖父《そふ》　**イ** 祖母　**ウ** 祖父母　**エ** 父　**オ** 母　**カ** 父母　**キ** 息子《むすこ》　**ク** 娘《むすめ》　**ケ** 夫　**コ** 妻《つま》　**サ** 孫

〔立教女学院中〕

重要 **2** 次の文は、山本《やまもと》さんがおばあちゃんに出した手紙ですが、文の順序《じゅんじょ》をばらばらに入れかえてあります。どんな順にならべたら、手紙文として整ったものになりますか。記号で答えなさい。（完答30点）

A わたくしも今年から中学生になるので、いっしょうけんめいに勉強しています。

B 春になって花がたくさん咲《さ》きだしたら、もっと役に立つだろうとたのしみにしています。

C おばあちゃんをはじめみなさんおげんきですか。

D まだしばらく寒さが続きますが、みなさんおからだをたいせつになさってください。

E お礼に、おばあちゃんのお好きなものを小包みでお送りします。何がはいっているかおたのしみに待っていてください。

F さて、前からほしいと思っていた「植物図鑑《ずかん》」をお送りくださって、ほんとうにありがとうございました。

G 学校の行き帰りに、手の指先がこごえるような日が続きますが、

H さっそく、ひなたに小さな花をつけている雑草《ざっそう》を見つけて、図鑑でしらべたら、「おおいぬのふぐり」という名が見つかりました。

〔　〕―〔　〕―〔　〕―〔　〕―〔　〕―〔　〕―〔　〕―〔　〕

3 **次の文章は、ゆみさんが夏休みに書いた日記の一部です。これを読んで、あとの問いに答えなさい。**

七月二十日（月）

今日から夏休みだ。宿題はたくさんあるけれど、なるべく七月の間に終わらせて、友だちと遊んだり、家族でいろいろなところに出かけたりしたい。

七月三十一日（金）

七月最後の今日、何とか夏休みの宿題の大半が終わった。残っているのは交通安全のポスターをかくことだけだ。読書感想文は自分でもよい文章が書けたと思う。

八月十日（月）

お父さんと山登りに出かけた。朝早くに家を出たけれど、道路が混《こ》んでいて、山の入り口に着いたのは昼前になってしまった。こんなに暑い夏でも、山の中はすずしくて気持ちよかったので、どんどん歩くことができた。山頂《さんちょう》では、お母さんが持たせてくれたお弁当《べんとう》を食べた。いつも以上にとてもおいしかった。

(1) ゆみさんが、夏休みの宿題をなるべく早く終わらせたいと思ったのはなぜですか。(20点)

〔　　　　〕

(2) ゆみさんが、夏休みの宿題の大半を終わらせることができたのはいつですか。(5点)

〔　　〕

(3) (2)のときに、残っていた宿題はどれですか。次から選び、記号で答えなさい。(5点)

ア 読書感想文　**イ** 自由研究

ウ 交通安全のポスター　**エ** 工作

〔　〕

(4) ――線「お母さんが持たせてくれたお弁当」を食べたゆみさんは、どのように感じましたか。(20点)

〔　　　　〕

月　日
時間 30分
合格 80点
得点　　点
答え→別さつ24ページ

1 次の手紙は「永平寺《えいへいじ》」という寺の「知庫寮《ちこりょう》＝寺内で物品の管理をする場所」に届《とど》いたものです。手紙を読んで、あとの問いに答えなさい。

「前略《ぜんりゃく》、今年の夏は、この北海道《ほっかいどう》にしてはめずらしく、暑い夏となりました。こういう年の冬は、きまって強い寒波がやってきて、厳《きび》しい雪との戦いになります。

皆様《みなさま》におかれましては、何かとお忙《いそが》しい毎日をお過《す》ごしのことと存《ぞん》じます。

先日、雑巾《ぞうきん》を送らせていただいたところ、数々のお心遣《づか》いのお品をお送りいただきまして、誠《まこと》にありがとうございました。

また、シベリヤで若《わか》く戦死したひとり息子《むすこ》のために、お経《きょう》とお線香《せんこう》を、永平寺様で上げてくださいますようお願いいたしましたところ、心あたたまる御供養《ごくよう》（＝お線香やお花を供《そな》え、亡《な》くなった人が死後安らかになれるように、お経を上げて願うこと）をしていただいたとのことで、心より厚《あつ》く厚くお礼申し上げます。

私《わたくし》は、息子が幼《おさな》い時に夫をうしない、それ以来、母一人子一人で生きて参りました。そして私たち親子は、戦争という悲劇《ひげき》によって、離《はな》れ離《ばな》れになる運命となりました。今でも、冷たい戦地で一人息絶《いきた》えた息子を思いますと、涙《なみだ》が流れてどうすることもできません。

しかし、このいつも心にかけておりましたことを、永平寺様にお願いいたしまして、ようやく救《すく》われる思いがいたしました。本当にありがたく、心から感謝《かんしゃ》いたしております。

そして、私などが縫《ぬ》った雑巾でも使っていただけるのでしたら、これからも送らせていただきます。八十も過《す》ぎた私などにできることといえば、もう雑巾を縫うくらいしか残されておりませんので。真心をこめて、縫わせていただきたいと思います。

これからも毎日、さぞかしお忙しいと存じますが、どうか皆様におかれましては、お身体《からだ》に気を付けて、お元気で、ご修行《しゅぎょう》にお励《はげ》みくださいませ。誠に、ありがとうございました。

かしこ」

(1) この手紙を出した人は、永平寺に何を送りましたか。（10点）

〔　　〕

(2) この手紙では、二つのことにお礼を述《の》べています。それはどんなことに対してですか。（20点／一つ10点）

〔　　〕
〔　　〕

(3) この手紙を読んだお坊《ぼう》さんは、「この手紙を書いた人の心の中では、まだ戦争が終わっていない」と思ったそうです。この手紙のどこからそう思ったのでしょう。四十五字以内でぬき出しなさい。（20点）

〔　　〕

2 次の文章を読んで、あとの問いに答えなさい。

六月十二日、教室に新しく備《そな》えつけた水そうに、ひめだかのおすとめすを二ひきずつ入れました。どれも二・五センチから三センチぐらい、きれいなうすだいだい色です。せびれにおびれ、むなびれなどもちゃんとあって、小さいながら一人前のすがたをしています。えさは、かつおぶしの粉《こな》、ぼうふらなどです。えさをやると、われさきに寄《よ》ってきて食べます。小さい体に似《に》あわず、食いしんぼうだなと思いました。六月十五日の昼すぎ、二ひきがならんで泳いでいました。めすは、おなかが大きくふくらんでいました。六月十六日の朝、たまごをみつけました。たまごは、親のはらに七つか八つぐらい、糸のようなものでくっついていました。一つのたまごの大きさは、直けいが一ミリぐらい、球の形をしていて、水のあわのようにすきとおっていました。昼ごろ見ると、たまごはもう、親のめだかのはらにはなくて、水草のあちこちについていました。六月十七日になると、①大事件《じけん》がもちあがりました。確《たし》かに水草についていたはずのたまごが、②いくらさがしても見つからないのです。六月二十日にも、十五個《こ》ほどのたまごが水草につきましたが、あくる朝になると、③またなくなっていました。本によると、親がたまごを食べてしまうことがあるそうです。

〔開成中―改〕

(1) ――線①「大事件」とは、どんなことですか。(10点)

〔　　〕

(2) ――線②、③のようなことがおこったのは、なぜだと考えられますか。(10点)

〔　　〕

(3) この観察文を書いた人の感想が書かれた一文をぬき出しなさい。(10点)

〔　　〕

(4) 次のことがらは、観察したことをか条《じょう》書きにしたものです。正しい順序《じゅんじょ》になるように番号をつけなさい。(20点)

〔　〕たまごが見つからない。
〔　〕たまごが水草のあちこちについていた。
〔　〕ひめだかのおすとめすを二ひきずつ、水そうに入れた。
〔　〕めすのおなかが大きくふくらんでいた。
〔　〕親のはらに、たまごが七つか八つ、糸のようなものでくっついていた。

21 文章の読みとり方①

学習のねらい
物語も説明文も、読みとりのためのキーワード（重要語句）がある。くり返し出てくる言葉がキーワードとなることが多い。

月　日

答え➡別さつ24ページ

STEP 1 ステップ1

1 [物語] 次の文章を読んで、あとの問いに答えなさい。

独《ひと》り言を言いながらかけ出し、くぼみにたまった雨水をとびこえた恵《めぐみ》の足は、一しゅん、①すくみました。

右手から十字路へと、勢《いきお》いよく走ってきた白い自動車。そして、目の先の横断《おうだん》歩道へちょこちょこと出ていく、二歳《にさい》ほどの男の子。

恵が男の子をかかえこんでとびのくのと同時に、十字路の中ほどで、自動車が、はげしいブレーキの音を立てました。

「あぶない！　小さい子とは、ちゃんと手をつないでいてくれよっ、お姉ちゃんのくせに。」

運転手が、顔をつき出してどなりました。

［　②　］

③言い返したい気もしましたが、どなられたはら立ちよりももっと熱いものがこみ上げて、④くちびるがふるえていました。

「あぶなかったのよ、ぼく。ほらね、あの信号が赤いときは、ぜったいに、わたっていっちゃだめなのよ。」

ひと息に言ってから、恵は、少し気持ちを静めて、男の子に話しかけました。

「おうちは、どこ？」

（古世古《こせこ》　和子《かずこ》「わすれ物」）

(1) ——線①「すくみました」とは、どんな意味ですか。

〔　　　　〕

(2) ［②］に入る一文を次から選び、記号で答えなさい。〔　　〕

ア この子のお姉ちゃんじゃないわよ、わたし。
イ この子一人で歩くなんて、あぶないわ。
ウ この子は手をつなぐのをいやがるのよ。

(3) ——線③「言い返したい」とありますが、だれがだれに言い返したいのですか。

〔　　　〕が〔　　　〕に。

(4) ——線④「くちびるがふるえていました」とありますが、なぜですか。

〔　　　　〕

2 〔説明文〕 次の文章を読んで、あとの問いに答えなさい。

ひとたび噴火《ふんか》がおこるとたいへんな被害《ひがい》をおよぼす火山。昔から、人びとは火山のはかりしれない力をおそれてきました。

火山による災害《さいがい》は、おもに爆発《ばくはつ》、噴火で出てくる溶岩《ようがん》や火《か》山灰《ざんばい》、火山弾《かざんだん》、軽石などによってひきおこされます。なかでもおそろしいのは、火山灰や軽石などが、高温のガスにまじって流れだす現象《げんしょう》です。これを熱雲《ねつうん》とよんでいます。

熱雲の温度は千度近くもあり、秒速数十メートルもの速さで、なだれのように山の斜面《しゃめん》をかけおりてきます。そのため、通り道にあたるものはことごとくやきはらわれてしまいます。

一九〇二年、西インド諸島《しょとう》のマルチニーク島にあるプレー火山が噴火しました。このときの熱雲は、ふもとのサンピエールの町をやきはらい、いっしゅんにして二万八千人もの命をうばいました。

日本では、一七八三年浅間山《あさまやま》の噴火のさいに、熱雲が山の斜面の岩石や土砂《どしゃ》、水分をまじえて、熱いどろとなって流れました。ふもとの鎌原村《かんばら》では、五百人近くの人が死にました。

（青木《あおき》 章《あきら》「火山は生きている」）

(1) ——線部「火山のはかりしれない力」について、

① 「火山のはかりしれない力」で、筆者が最もおそろしいといっている現象を、本文中から漢字二字でぬき出しなさい。

② ①の現象は、どんな現象ですか。本文中からぬき出しなさい。

〔　　　　〕

(2) 要点をまとめて、次の表に書き入れなさい。

年		
火山のある場所		
噴火した火山		
被害の状《じょう》きょう		

ステップ2

月　日

時間 30分
合格 80点

答え➡別さつ25ページ

得点　　点

1 次の文章を読んで、あとの問いに答えなさい。

部屋に入ったときに、①すぐに気づいたことがある。

三上《みかみ》くんが引《ひ》っ越《こ》す前に、仲良しの友だちみんなと写真を撮《と》った。すぐにプリントをして、みんなでお金を出し合って買った写真立てに入れて三上くんに渡《わた》した。

三上くんはそのプレゼントをすごく喜んでくれて、「部屋に飾《かざ》っとくから」と言った。少年たちも「そうだよ、ずーっと一緒《いっしょ》だから」「もし新しい学校でいじめられても、俺《おれ》たちがついているから」とうれしそうに言った。

でも、部屋のどこにも写真はない。何度見回しても、同じ。だから――②写真なんて最初から探《さが》さなかったんだ、ということにした。

「トシくん、カルピスつくったわよお」

台所にいるおばさんに呼《よ》ばれて部屋を出る前、蛍光灯《けいこうとう》のスイッチの紐《ひも》の先に、軽く一発、右フックをぶつけた。

紐は思いのほか大きく揺《ゆ》れ動いて、ろくに狙《ねら》いをつけずに放った二発目のパンチは、空振《からぶ》りになってしまった。

正午を回った頃《ころ》、やっと三上君が帰ってきた。居間《いま》でテレビを観《み》ていた少年に、「おーっ、ひさしぶりぃ！」と笑顔《えがお》で声をかける。息が荒《あら》い。顔が汗《あせ》びっしょりになっている。自転車をとばして帰ってきた――早く会うために帰ってきてくれた、のだろうか。

③一瞬《いっしゅん》ふわっとゆるんだ少年の頰《ほお》は、三上くんと言葉を交《か》わす間もなく、しぼんだ。

三上くんは④おばさんに「お昼ごはん、なんでもいいから、早く食べれるものにして」と言ったのだ。「一時から五組と試合することになったから」

おばさんは台所から顔を出して、「ケイジ、なに言ってんの」と怒《おこ》った。

「トシくんと遊ぶんでしょ、今日は」

三上くんは、あっ、という顔になった。あわてて「わかってるって、そんなのわかってるって」と繰《く》り返《かえ》したが、あせった目があちこちに動いた。

けろっと忘《わす》れていたのだろう。ソフトボールの練習中に急に「試合しよう」という話になって、「じゃあ、俺も行く」と＊安請《やすう》け合《あ》いしてしまったのだろう、どうせ。

「ケイジ、あんたねえ、せっかくトシくんがわざわざ遊びに来てくれたのに、迎《むか》えもお母さんに行かせて、ずーっと待ってもらって……もうちょっと考えなさい」

⑤しょんぼりと肩《かた》を落として「はーい……」と応《こた》える三上

くんよりも、少年のほうがうつむく角度は深かった。おばさんが味方についてくれたのが、うれしくて、悔《くや》しくて、恥《は》ずかしくて、悲しい。

（重松《しげまつ》　清《きよし》「南小、フォーエバー」）

＊安請け合い＝よく考えないで気軽にひきうけること。

(1) ――線①「すぐに気づいたことがある」とありますが、どんなことに気づいたのですか。（10点）

(2) ――線②「写真なんて最初から探さなかったんだ、ということにした」とありますが、少年はなぜこのように考えることにしたのですか。（20点）

(3) ――線③「一瞬ふわっとゆるんだ少年の頬は、三上くんと言葉を交わす間もなく、しぼんだ」について、

① 「ゆるんだ」のは、なぜですか。（10点）

② 「しぼんだ」のは、なぜですか。（10点）

(4) ――線④の「おばさん」とは、だれのことですか。次から選び、記号で答えなさい。（10点）

ア となりの家のおばさん
イ 三上くんのお母さん
ウ 少年のお母さん

(5) (4)の人は、三上くんのことと少年のことをどのようによんでいますか。（20点／一つ10点）

① 三上くん→

② 少年→

(6) ――線⑤「しょんぼりと肩を落として……少年のほうがうつむく角度は深かった」とありますが、なぜ「少年のほうがうつむく角度は深かった」のですか。（20点）

（恵泉女学園中―改）

22 文章の読みとり方②

学習のねらい

物語で、作者が読み手にうったえようとする考えを「主題」という。また説明文では、全体を通して筆者の最も言いたいことを「要旨《ようし》」という。

月　日

答え⬇別さつ25ページ

ステップ1

1 [物語] 次の文章を読んで、あとの問いに答えなさい。

それから数週間たって、ストックホルムに帰るとき、再《ふたた》びラルスの駅舎《えきしゃ》に着きました。父親が、次の駅舎までついていこうとしましたが、わたしは、特にたのんで、ラルスに行ってもらうことにしました。三時間ばかり楽しく話しながら走った後、二人は、いく度も「さよなら」をして別れたのです。

㋐ラルスはたった十二の子どもであり、わたしはいうまでもなく大人です。

㋑ A 、わたしは、ほとんど世界じゅうをめぐってきている人間、ラルスは、駅舎の間を往復《おうふく》している少年なのです。

㋒ B 、わたしは、多くのことをラルスから学びました。

㋓ラルスともっといっしょに過《す》ごしたら、まだまだ大きな感動を受けたにちがいありません。

（鈴木《すずき》三重吉《みえきち》「少年駅伝夫」）

(1) ――線「二人は、いく度も『さよなら』をして別れた」について、

① 「二人」とは、だれとだれですか。

〔　　〕と〔　　〕

② 「二人」はなぜいく度も「さよなら」をしたのですか。

〔　　〕

(2) ラルスはどんな人ですか。本文中から二つぬきだしなさい。

〔　　〕〔　　〕

(3) A ・ B に入る言葉を次から選び、記号で答えなさい。

ア けれども　イ しかも
ウ だから　エ そこで

A〔　　〕　B〔　　〕

(4) ㋐～㋓の文で、作者の気持ちが表れている文はどれですか。記号で答えなさい。

〔　　〕

(5) この文章の主題を書きなさい。

〔　　〕

2 〔説明文〕次の文章を読んで、あとの問いに答えなさい。

[1] 旅鳥《たびどり》は、春と秋、わたりのとちゅうで短い間だけ日本に立ち寄《よ》るわたり鳥です。シギやチドリの仲間がそうです。

[2] この仲間は、春から夏にかけて、南の地方から北のシベリアやアラスカの地方へわたっていきます。①このころ、日本の各地の海辺で見られるのは、わたりのとちゅうで②ひとやすみをしているのです。つかれをとり、えさをとって［A］つづく旅にそなえ、力をたくわえているのです。

[3] ［B］わたりをつづけ、ぶじにシベリアに着くと、あわただしく巣づくりを始めます。

[4] 極地に近いほど、夏の日照時間が長くなります。一日をじゅうぶんにつかって、シベリアの短い夏の季節にひなを育て上げるのです。

[5] どうして、このような遠い所でひなを育てるのでしょうか。たまごやひなをかかえた親鳥は、多くの敵《てき》にねらわれています。一日をできるだけ長く使って、短い間にひなを育て上げれば、それだけきけんが少なくなります。長い旅をくり返すのは、このためかもしれません。

[1]～[5]は段落《だんらく》番号です。

（行田《ぎょうだ》　哲夫《てつお》「わたり鳥のひみつ」）

---

(1) ――線①「このころ」とは、いつですか。本文中からぬき出しなさい。

〔　　〕

(2) ――線②「ひとやすみ」とありますが、とちゅうでひとやすみするのは、なぜですか。

〔　　〕

(3) ［A］・［B］に入る言葉を次から選び、記号で答えなさい。

ア とうとう　イ まだまだ
ウ ふたたび　エ やっぱり

A〔　〕　B〔　〕

(4) 筆者が自分の考えを述《の》べている段落はどれですか。段落番号で答えなさい。

〔　〕段落

(5) 筆者の考えをまとめて、書きなさい。

〔　　〕

ステップ2

1 次の文章を読んで、あとの問いに答えなさい。

言葉は、コミュニケーションの道具として必ずしも万能《ばんのう》ではありません。だとしたら、「言葉に頼《たよ》る」、あるいは「言葉の形にとらわれすぎる」というのは、あまりよいことではないのではないでしょうか。

言葉に頼るいちばんの例が、いわゆるコンビニ敬語《けいご》です。「ご注文はコーヒーでよろしかったでしょうか」「こちらサラダになります」など、コンビニやファミリーレストランでよく聞かれる言葉です。

（中略《ちゅうりゃく》）

この㋐コンビニ敬語は、形だけ整えた簡単《かんたん》で便利な敬語ですから、とても機械的で心のこもらない言葉になっています。接客《せっきゃく》敬語は特殊《とくしゅ》だから仕方がないとはいえ、そのマニュアル*1的な敬語に頼っていればいいと思うのは間違《まちが》いです。

［　　］、それらの言葉を使っている若者は、社会経験《けいけん》が浅く、社会に出てから学ぶはずの敬語の使い方をまだ知らないだけで、失礼をしようと思ってコンビニ敬語を使っているわけではないのですから、お客様に敬意を表そうとする気持ちはくんであげてもいいのではないか、と私《わたし》は思います。

㋑同じようなことは、留学生《りゅうがくせい》にも言えます。授業《じゅぎょう》を終えていい気分で教室を去ろうとしているとき、一人の留学生がやってきて「先生、日本語の文法にくわしいですね」と言っても、ちょっとは気分を害するけれど、彼《かれ》に悪気はなく、先生のくわしい文法の説明を素晴《すば》らしいと思って、それを素直《すなお》に言っただけにちがいないと㋒寛容《かんよう》*2に考えるようにしています。それには理由があって、まずその留学生は敬語の使い方を知らず、しかも、日本語に目上の人に何かほめたいと思ったときに適当《てきとう》な言葉がないからです。そんなわけで、こういうときは、「とても役に立ちました」とか「よくわかりました」と言いなさい、と教えます。そして間違っても日本語の先生に「文法にくわしいですね」とか「感心しました」というような評価《ひょうか》の言葉を入れてはいけません、と付け加えます。

日本語学者として、私も敬語の研究や、敬語の使い方の分析《ぶんせき》をするのですが、そのことと実践《じっせん》的に敬語を使いこなせるということとはまったく別の話である、ということについては、あまり知られていないようです。大学という、ある意味では無階級社会のようなところに所属《しょぞく》しているので、実際《じっさい》には私もなかなか敬語が使えません。

㋓そうした言い訳《わけ》とは別に、私が敬語をあまり重要視《じゅうようし》していないのは、究極の感謝《かんしゃ》とか究極の謝罪《しゃざい》といった心情《しんじょう》を相手に伝えられるのは、実は言葉ではないのではないかと思っているからです。はたして、本当の「ありがとう」、本当の「ごめんなさい」を言葉だけで伝えられるものでしょうか。そういうことをいくら言葉で伝えても、かえって空回りするような感じがします。言葉を研究している身で何ですが、究極の場面においては、「言葉というのは無力なものなのだ」と私は思っているのです。

＊1　マニュアル＝作業の手順などをまとめた手引き書。
＊2　寛容＝心が広く、人の立場をよく理解《りかい》すること。
（金田一《きんだいち》秀穂《ひでほ》「NHK知るを楽しむ　この人この世界　日本語のカタチとココロ」）

(1) ――線㋐「コンビニ敬語」は、①どんな敬語で、②どんな言葉だといっていますか。（20点／一つ10点）
①〔　　〕
②〔　　〕

(2) □にあてはまる言葉を次から選び、記号で答えなさい。（10点）
ア けれども　**イ** つまり
ウ たとえば　**エ** しかも
〔　　〕

(3) ――線㋑「同じようなこと」とありますが、どのようなことをいうのですか。本文中の言葉を使って答えなさい。（10点）
〔　　〕

(4) (3)の例として、留学生がどのような言葉を言ったことをあげていますか。その部分をぬき出しなさい。（10点）
〔　　〕

(5) 留学生が(4)のようなまちがった言い方をしたとき、どのように言えばよいといっていますか。二つぬき出しなさい。（20点／一つ10点）
〔　　〕〔　　〕

(6) ――線㋒「寛容に考えるようにしています」とありますが、それはどうしてですか。理由を二つ答えなさい。（20点／一つ10点）
〔　　〕
〔　　〕

(7) ――線㋓「そうした言い訳」とありますが、どのような言い訳ですか。（10点）
〔　　〕

〔カリタス女子中―改〕

1 次の文章を読んで、あとの問いに答えなさい。

今朝、学校に行ったら、女の子たちがサイン帖《ちょう》をまわしていた。もうすぐおわかれだね、とか、さみしいね、とか、そんなことばかり話していた。ひとりが、恭介《きょうすけ》のところにもサイン帖を持ってきた。

「①俺《おれ》、書かないよ」

「どうして」

「②だって、さみしくねぇもん」

女の子はきまり悪そうにそこに立っていた。

「何だよ。書きたくないんだからいいだろ」

「もういいわよ。暮林《くればやし》くんになんかたのまない」

女の子はサイン帖をかかえたまま、小走りで自分の席にもどった。みんなの視線《しせん》が恭介にあつまる。

「ちえっ、何だよ」

③恭介はどすんと席にすわった。机《つくえ》の上に、一時間めの教科書と、ノートと、ふでばこをだす。ちえっ、あいつも見ていた。ななめ前の方から、暮林くんのいじわる、という顔をして、恭介を見ていた。

(中略《ちゅうりゃく》)

お母さんが、恭介のちゃわんに、くたくたに煮《に》えたすきやきのにんじんを入れた。

「好き嫌《きら》いをしてると背《せ》がのびないわよ」

実際《じっさい》、恭介は背が低かった。野村《のむら》さんは女子の中でまん中より少し小さく、その野村さんとならんで、ほとんどおなじくらいだった。

「もういらないよ。ごちそうさまっ」

恭介ははしをおいて、二階にあがった。部屋に入るとベッドの上に大の字に横になる。④野村さんの顔がうかんでくる。動物でいうならバンビだ、と恭介は思う。三年生の時にはじめていっしょのクラスになって、四年生は別々で、五年生、六年生とまたいっしょになった。野村さんについて恭介が知っていることといえば、保健《ほけん》委員で、とん汁《じる》が嫌いで、女子にしては足がはやい、ことぐらいだった。今朝⑤あんなことがあったから、今日は一日、誰《だれ》も恭介にサイン帖を持ってこなかった。もちろん野村さんもだ。恭介はベッドからおりて、机のひきだしをあけた。青い表紙のサイン帖が入っている。ちえっ、恭介はひきだしをしめて、もう一度ベッドに横になった。

(江國《えくに》 香織《かおり》「僕はジャングルに住みたい」)

(1) ——線①・②の言葉は、恭介のどのような気持ちから出たものですか。「〜が気に入らない。」という文末になるように答えなさい。(10点)

〔　　　　〕

(2) ——線③の様子を表す言葉をあとから一つ選び、記号で答えなさい。(5点)〔　　〕

ア 気落ち　イ いらつき　ウ おどろき　エ 失望

(3) ——線④「野村さんの顔がうかんでくる」とありますが、恭介は野村さんのことを、㋐動物にたとえて何と思っていますか。また、㋑どんなことを知っているか。文章中から三つぬき出しなさい。(20点/一つ5点)

ア〔　〕

イ〔　〕〔　〕

(4) ——線⑤「あんなこと」の内容《ないよう》を三十字以内でまとめなさい。(10点)

〔玉川学園中学部―改〕

2 次の文章を読んで、あとの問いに答えなさい。

人間は誰《だれ》しも、ほかの人々との関わりのなかで暮《く》らしています。他者の①評価《ひょうか》がまったく気にならない者など、この世には存在《そんざい》しません。

他者のまなざしにとらわれ、振《ふ》りまわされそうになったとき、その防波堤《ぼうはてい》となるのはやはり「個《こ》」なのでしょう。「他人がどう思おうが自分は自分だ」と思えるような核《かく》となる自《じ》己《こ》が育っているかどうか。

②そういう確固《かっこ》たる「個」は、自分の頭で考え抜《ぬ》くと同時に、互《たが》いの意見をぶつけ合いながら人間関係を深めていったり、ときには周囲《しゅうい》の声に抗《あらが》ってでも自分の意思で選択《せんたく》し行動することによってしか鍛《きた》えることができない。

（中略）古来、個人より集団《しゅうだん》を重んじてきた日本社会では、欧米《おうべい》人以上に他者というものを気にせざるを得《え》ませんでした。だから、どうしても「場」の空気を読んで自分を抑《おさ》えてしまう傾向《けいこう》が強く、「個」というものが育ちにくい。③「個」が鍛えられていないため、よけいに他者の目や評価が気になる。そんな出口のないメビウスの輪にとらわれている人が、たくさんいるように思えます。

だから欧米は優《すぐ》れていて日本は劣《おと》っていると言っているわけではありません。ただ、心の健康や幸福という観点から見ると、常《つね》に他者の目を気にしながら生きるより、「□」とどこかで開き直れる強さをもっていたほうがいいのは確《たし》かでしょう。

（加賀《かが》 乙彦《おとひこ》「不幸な国の幸福論《ろん》」）

(1) ——線①「評価」を言いかえた表現《ひょうげん》を、文中からひらがな四字でぬき出して答えなさい。(10点)

(2) ——線②「そういう確固たる『個』」が指している部分をぬき出し、はじめと終わりの五字ずつを答えなさい。(15点)

〜

(3) ——線③「『個』が鍛えられていない」とありますが、どのようにして鍛えるのですか。(20点)

〔　〕

(4) □に入る言葉を文中から五字でぬき出しなさい。(10点)

23 構成《こうせい》を考えて作文を書く

学習のねらい
主題や要旨《ようし》を考えて、書くことがらを選び、構成を考えていく。段落相互《だんらくそうご》の関係を考え、事実と感想・意見とを区別して文章を書く。

月　日

答え⬇別さつ27ページ

ステップ1

重要 **1** ［段落のはっきりした文章を書く］次の文章を読んで、あとの問いに答えなさい。

① みなさんは、どうして花に花びらがついているのか知っていますか。
② 花びらの一つの大きな役割《やくわり》は、蜜《みつ》をすいにやってくる虫たちの目印になることです。
③ 花は花粉《かふん》を虫たちに運んでもらうために、花びらでその存在《そんざい》をアピールしているのです。
④ その他にも色んな役割《やくわり》があります。
⑤ 例えば、紫外線《しがいせん》から種を守るために花びらがついているとも考えられます。
⑥ 高い山は紫外線が強いため、そこにさいている花はよりこい色の花びらをつけて、花びらの中のめしべや花粉などを守っています。
⑦ また、冬にさく花の中には、花びらで光を受けて花の中をあたためているものもあります。
⑧ 飛んでいる虫たちは、寒さからのがれるために、その花の中に入ろうと集まってきます。
⑨ これらのように、花びらにはたくさんの役割があると考えられます。
⑩ 他にどのような役割があるのか、一度考えて調べてみましょう。

(1) この文章を六つの段落に分けて書くとしたら、どこで分けますか。番号で書きなさい。また、第二段落、第四～第六段落の内容《ないよう》をあとから選び、□に記号で答えなさい。

第一段落　①
第二段落〔　　〕から〔　　〕まで　□
第三段落　④
第四段落〔　　〕から〔　　〕まで　□
第五段落〔　　〕から〔　　〕まで　□
第六段落〔　　〕から〔　　〕まで　□

ア 花びらにはたくさんの役割があるので、一度考えて調べてみるとよい。

イ　紫外線から種を守るために花びらがついているとも考えられる。

ウ　花びらの一つの大きな役割は、蜜をすいにやってくる虫たちの目印になることである。

エ　冬にさく花の中には、花びらで光を受けて花の中をあたためているものもある。

2 ［段落相互の関係を考えて文章を書く］ 問題**1**の文章全体を図のようにまとめました。それぞれの□の中に、文の番号を書きなさい。

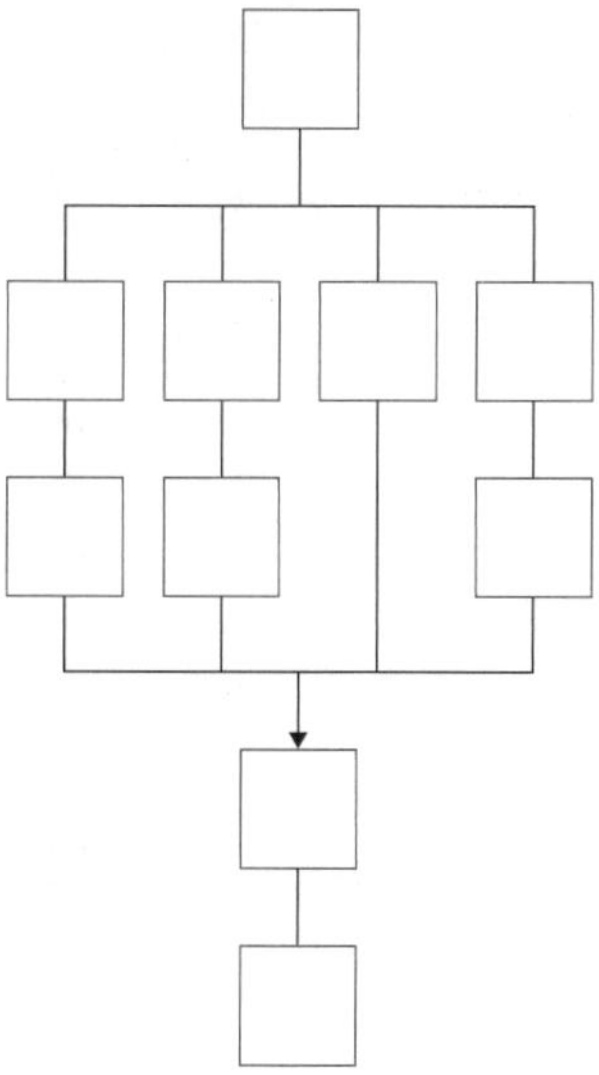

3 ［事実と意見とを区別して書く］ 次の問題に対する自分の意見を書きなさい。

休み時間には、運動場で遊ぶ人もいれば、教室で本を読んで過《す》ごす人もいます。あなたは、どちらの休み時間の使い方がよいと思いますか。

意見	事実	意見
わたしは（ぼくは）、	前にこんなことがありました。	だから、

ステップ2

月　日
時間 40分
合格 70点
得点　点
答え↓別さつ27ページ

重要

1 次のメモをもとに、図書委員会からの報告文《ほうこくぶん》を作りなさい。（40点／一つ10点）

○先週の図書委員会の話し合い。
○読書感想文のぼしゅうについて。
●低学年→原稿《げんこう》用紙二まい以内。
●高学年→原稿用紙三まい以内。
○しめ切りは今月末。
○各学級のたん任《にん》の先生まで。

はじめ	なか
これから、	読んでみてよかったと思う本を、みんなに紹介《しょうかい》してほしいと思います。 そこで、

（なか）	おわり
書きたい人は、 できあがった読書感想文は、	これで、図書委員会からの報告をおわります。

2 そうじの時間に、下の絵のようなことがありました。これについて、あなたの考えを、あとの注意にしたがって書きなさい。（40点／一つ20点）

〈注意〉
○なか……絵に表れている様子を書く。
○おわり……自分の考えをまとめて書く。

はじめ	なか	おわり
今日のそうじの時間のことです。わたしは、ぞうきんで、つくえの上をふいていました。		

3 ――線の言葉に続けて、文をしあげなさい。そのとき、〰〰線のついた言葉を、必ず使うようにしなさい。（20点／一つ10点）

(1)
わたしは、動物の中でも、犬がいちばんすきです。でも、弟は、そうではありません。
なぜかというと、

(2)
言葉は、人間だけがもっているものです。しかし、はじめは、人間も言葉をもっていませんでした。

では、

24 作文を推敲《すいこう》する

学習のねらい
①言葉 ②送りがなやかなづかい ③句読点《くとうてん》の打ち方、改行 ④語句の係り方や照応《しょうおう》の仕方 ⑤指示語《しじご》や接続語《せつぞくご》 ⑥敬体《けいたい》と常体《じょうたい》 ⑦敬語が正しく使えているかを読み返して直す。

月　日

答え➡別さつ28ページ

ステップ1

重要
1 〔句読点の打ち方、改行の仕方〕あとの文を正しく書き写しなさい。

正太《しょうた》は、両手を広げて、星空を
あおぎました。
「きれいな星が、どうか、ぼくの
手にも落ちてきますように……。」
心の中でいのりながら、正太は
目をつむりました。
北風が、ヒューッと、正太の周りをふきすぎていきました。

2 〔指示語や接続語を的確《てきかく》に使う〕次の(1)、(2)の問いに答えなさい。

(1) 次の文をつなぎ言葉を使って、意味を変えないように、二つの文に分けて書き直しなさい。

午後から雨がふると思ったので、ぼくは、かさを持って出かけた。

(2) 次の二つの文を、つなぎ言葉と指示語（その・それ）を使って書きかえ、意味がつながるように一つの文に書き直しなさい。

○ 父は、ちょうどそのとき、母にたのまれた用事をするところだった。

○ 父は、母にたのまれた用事をあとまわしにして、わたしを駅まで送ってくれた。

［　　　　］

3 ［語句の係り方、照応の仕方を理解《りかい》する］次の文には語句の使い方のおかしいところがあります。全文を正しく書き直しなさい。

(1) 明日は、たぶん、雨がふりました。

［　　　　］

(2) あなたは、どうして来なかったです。

［　　　　］

(3) 今夜は、くもっていて、ぜんぜん星が見えます。

［　　　　］

(4) わたしが、こんなにテニスが上達したのは、お父さんの注意をよく守ったり、休まず練習にはげんだ結果です。

［　　　　］

4 ［敬体と常体を使い分けて書く］次の文を、敬体（です・ます）にそろえて全文を書き直しなさい。

わたしが学校から帰ると、家にはだれもいませんでした。父は仕事に出かけていた。母も、買い物に出かけていました。わたしは、ひとりで、テレビを見ながらごはんを食べた。

［　　　　］

月　日

時間 30分　合格 70点

得点　点

答え➡別さつ29ページ

1 あとの文章を、ますに正しく書き写しなさい。（10点）

にわとりがたまごを産んだとお母さんに知らせようか、それとも小屋に入ってたまごを取り、お母さんのところへ持っていこうかと、太郎《たろう》はちょっと迷《まよ》いました。

なぜなら、太郎はいつもお母さんから、一人でにわとり小屋に入ってはいけないと、くれぐれも言われていたからです。

「しかし、たまごを取るために入るんだから。」

と、太郎は思いました。

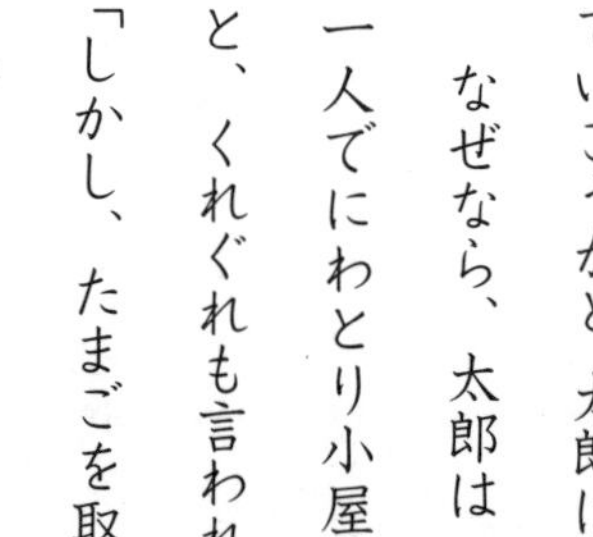

重要

2 次のそれぞれの文で、言葉の使い方が適切《てきせつ》でないところがあります。全文を正しく書き直しなさい。（50点／一つ10点）

(1) 台風が近づいているが、雨がはげしくなった。

〔　　　　〕

(2) 旅行中の先生から便りをもらった。

〔　　　　〕

(3) まさか、あの人が迷うことはあるだろう。

(4) わたしがしょう来なりたいものは、フライトアテンダントになりたいです。

(5) ぼくは、昨日、学校を休みました。そのわけは、かぜをひいて、熱が出ました。

3 次の文章を、常体《じょうたい》にそろえて全文を書き直しなさい。（10点）

ちょうがひらひらとまっている。あたたかい春の日のことです。花から花へたのしそうにとびまわっています。そのとき、ふいにあみがつきだされた。ちょうはおどろいて、空高くあがりました。

4 次の文をあとのつなぎ言葉を使って、意味を変えないように、二つの文に分けて書き直しなさい。（30点／一問10点）

(1) 風がふいてきたし、雨もふってきた。

(2) 海があれているから、漁に出かけるのはきけんだ。

(3) ぼくは、野球の試合でホームランを打ったが、ぼくたちのチームは負けてしまった。

それとも・だから・なぜなら・
しかし・そのうえ

STEP 3

ステップ3

23〜24

月　日

答え➡別さつ29ページ

時間 60分　合格 70点　得点　点

1 春・夏・秋・冬のうちで一番好きな季節を一つ選び、どうしてその季節が好きなのか、あなたが体験したことを通して、その理由を四〇〇字程度で説明しなさい。（40点）

はじめ

わたし（ぼく）が一番好きな季節は、

それは、

なか

おわり

そういうわけで、

400

〔英数学館中―改〕

2 「私《わたし》の感動したこと」という題で作文しなさい。ただし、次の注意にしたがって書きなさい。（30点）

○ 内容《ないよう》を二つの段落《だんらく》にし、前の段落には「感動したことがら」を中心に、あとの段落には感動した理由を中心に書きなさい。

○ 正しい原稿用紙《げんこうようし》の使い方で書きなさい。

○ 一六〇字以上二〇〇字以内で書きなさい。

私の感動したこと

160

〔聖母学院中―改〕

3 次のことがらに気をつけて、「テレビを見るのは悪いか」という題で作文しなさい。（30点／一つ10点）

○ **はじめ**…自分の意見を書く。
○ **な　か**…その理由として、事実（経験《けいけん》したこと、聞いたことなど）と自分の意見とを区別して書く。
○ **おわり**…自分の意見のまとめを書く。

はじめ	な　か	おわり

総《そう》復習テスト①

月　日
時間 40分　合格 70点
答え➡別さつ30ページ
得点　　点

1 次の――線部の漢字に読みがなをつけなさい。（10点／一つ2点）

(1) 貴重　(2) 頭領　(3) 報いる　(4) 酒屋　(5) 預かる

(1)〔　　〕 (2)〔　　〕 (3)〔　　〕 (4)〔　　〕 (5)〔　　〕

〔宮崎大附中〕

2 次の(1)～(10)のかたかなを、漢字で書きなさい。（20点／一つ2点）

昨今《さっこん》は方言が自信を(1)カイフクしつつあるようだ。テレビは方言の花盛《はなざか》り、(2)シュッパン物の世界でも、方言はちょっとした流行である。この根は案外深いのかもしれない。明治《めいじ》以来の(3)ヒョウジュン語普及《ふきゅう》運動が、すでに一定の(4)セイカをあげて、ヒョウジュン語は広く行きわたるとともに、かつての(5)カツリョクを失いつつあるのではないか。それに加えて、経済《けいざい》の(6)コウド成長が行きづまり、都会型文化の(7)ゲンカイを思いしらされるにいたった日本人の間に、都会的なものへの一種の(8)ゼツボウが芽ばえ、そのうらがえしとして、「ふるさと文化」見直しの(9)キウンが生まれ、方言が再《さい》(10)ヒョウカされるようになったと見ることもできる。

(1)〔　　〕 (2)〔　　〕 (3)〔　　〕 (4)〔　　〕
(5)〔　　〕 (6)〔　　〕 (7)〔　　〕 (8)〔　　〕
(9)〔　　〕 (10)〔　　〕

〔ラ・サール中〕

3 次の文の――線の語の反対語を漢字で書きなさい。（8点／一つ2点）

(1) 人口が少しずつ増加している。〔　　〕
(2) かれは仕事に成功した。〔　　〕
(3) 選挙の結果、当選した。〔　　〕
(4) 今日の算数は、単純な問題ばかりだ。〔　　〕

〔富山大附中〕

4 次の(1)・(2)の文中の――線をつけた言葉と同じ意味に使われている言葉を、それぞれのア～エの文中の――線部から選び、記号で答えなさい。（10点／一つ5点）

(1) このあなからでも出られる。〔　　〕
ア 人に見られるのがいやだ。
イ 将来《しょうらい》のことが案じられる。
ウ わたしでも持ちあげられる。
エ 人に助けられる。

(2) 読んでみたがわからなかった。〔　　〕
ア ジュースが飲みたい。
イ 雪は降《ふ》ったが寒くはない。
ウ 休んだのがいけなかった。
エ そうじが終わったらしい。

〔広島大附属東雲中―改〕

5 次の文章を読んで、あとの問いに答えなさい。

『古事記《こじき》』や『日本書紀《にほんしょき》』が書かれた古代の日本人は、虹《にじ》は蛇《へび》に通じて不吉《ふきつ》なものと感じ、なにか異変《いへん》の前兆《ぜんちょう》と恐《おそ》れたが、現代人《げんだいじん》は「七色の虹」などと言って、その美しさを愛《め》でる。科学の発達した現代では、虹の立つ現象《げんしょう》など①少しも恐《おそ》ろしくは□。いっぽう、古代ヨーロッパでは、虹が立ったらその根元を掘《ほ》れ。そうすれば宝物《たからもの》が出てくると喜《よろこ》んだそうだが、同じ対象に対しても、洋の東西・古今の時代差で、まったくその見る視点《してん》が異《こと》なってくる。このような民族ごとの文化的視点の相違《そうい》もあれば、もっとミクロ*な、個々人《ここじん》ごとの視点の違《ちが》い、その折々の状況《じょうきょう》や心理的差異に左右される視点の“ゆれ”も、もちろんあるだろう。②籠《かご》に盛《も》られた果物を見て、食いしん坊《ぼう》は「うまそうだ」と感じ、商売人は「値段《ねだん》はいくらぐらいするか」と考え、絵描《えか》きさんは「静物画の素材《そざい》としていいな」と見て取る。味か、値段か、外見か、その見るところは人さまざまで、対象や事象に向けられる表現者の視点を正しく推《お》し量るのは容易《ようい》ではない。

（森田《もりた》　良行《よしゆき》「日本人の発想、日本語の表現」）

*ミクロ＝目で見えないくらい小さいこと。

(1) ――線①「少しも」に注意して、□に入る言葉をひらがな二字で書きなさい。（7点）

(2) 上の文章を二つの段落《だんらく》に分けるとすると、後半はどこからですか。後半のはじめの五字をぬき出しなさい。（10点）

(3) 「虹」に対する反応を、次のそれぞれについて答えなさい。（15点／一つ5点）

① 古代の日本人 〔　〕

② 現代人 〔　〕

③ 古代ヨーロッパの人 〔　〕

(4) ――線②「籠に盛られた果物を見て」とありますが、このたとえは、何による違いを示《しめ》そうとしたものですか。最も適切《てきせつ》なものを次から選び、記号で答えなさい。（10点）

ア 洋の東西。

イ 古今の時代差。

ウ 個人ごとの視点の違い。

エ 折々の状況や心理的差異に左右される視点の“ゆれ”。

〔　〕

(5) 筆者の考えを、文中の言葉を用いて答えなさい。（10点）

〔　〕

総《そう》復習テスト②

月　日

時間 40分　合格 70点

得点　　点

答え↓別さつ30ページ

1 次の〔　〕に漢字を書き入れて、上のような組み合わせの熟《じゅく》語《ご》を作りなさい。（20点／一つ2点）

(1) 上が動作を、下がその対象を表すもの。洗〔　〕・納〔　〕

(2) 意味のよく似《に》た漢字を重ねたもの。…改〔　〕・納〔　〕

(3) 上下対《つい》になって、ならんでいるもの。開〔　〕・〔　〕満

(4) 上が下を修飾《しゅうしょく》しているもの。…………改〔　〕・〔　〕洗

(5) 上が下を打ち消しているもの。………〔　〕満・〔　〕開

〔関西学院中〕

2 次の漢字と反対の意味をもった漢字を、あとの〔　〕の部首のどれか一つを使って書きなさい。（14点／一つ2点）

例 陸 ──→ 海

(1) 暑 ──→〔　〕　(2) 若 ──→〔　〕

(3) 主 ──→〔　〕　(4) 夜 ──→〔　〕　(5) 悲 ──→〔　〕

(6) 子 ──→〔　〕　(7) 着 ──→〔　〕

〔
亠（なべぶた）　口（くち）　辶（しんにょう）
刂（りっとう）　癶（はつがしら）　宀（うかんむり）
亻（ぎょうにんべん）　扌（てへん）　見（みる）
耂（おいかんむり）　艹（くさかんむり）　日（ひ）
氵（さんずい）　厂（がんだれ）　阝（こざとへん）
〕

〔土佐中〕

3 次の文章を読んで、あとの問いに答えなさい。

①大自然と文化は共存《きょうぞん》するのでしょうか。

私《わたし》は、文化は柔軟性《じゅうなんせい》と尊厳性《そんげんせい》のある変化だと思っています。伝統《でんとう》もまた変化していく必要があります。

人間中心主義《しゅぎ》から一歩下がって、人間も含《ふく》めた大自然と歩み寄《よ》りつつ地球で健全に生きるためには、人間社会が固執《こしゅう》している伝統や文化を大自然に合わせて変えていく必要があるでしょう。

文化をつくるには②素材《そざい》が必要です。その素材が大自然からの搾取《さくしゅ》によりもたらされているのであれば、停止《ていし》が必要でしょう。しかし、素材を変えても代替《だいたい》する素材を人間はつくることができます。原素材に固執しないことで、文化を変えつつ継承《けいしょう》させていくことができるのではないでしょうか。原素材を用いなければ伝統的でない、というのであれば、その伝統は変化する必要があります。その素材が大自然を破壊《はかい》して公害を垂《た》れ流すような物質《ぶっしつ》であってはなりません。そして、そういう物質でしか生産できないのであれば、その時に人間社会はその文化や伝統とは別れを告《つ》げるべきでしょう。

例えばクロサイ*の角を使った刀の鞘《さや》があります。これが伝統的で文化的なものというのであれば、もはやその素材は存《そん》在《ざい》しなくなる危機《きき》にあります。それでも伝統を固守するので

しょうか。代替品を作成していくことができるはずです。漢方薬に使う原材料は野生生物である必要がどこまであるのでしょうか。人間がつくる素材によって代替していくことは可《か》能《のう》なはずです。

人間社会にはきわめて多くの伝統や文化が生まれ消滅《しょうめつ》していきます。それが単一的にならずに多様性を持っていることは大切なことです。一方で、素材としての自然破壊を続けるのであれば、自ら首をくくるような地球全体の破壊に加担《かたん》していくことになることにも気づくべきでしょう。

（中村《なかむら》　千秋《ちあき》「アフリカゾウから地球への伝言」）

＊クロサイ＝絶滅《ぜつめつ》が心配されている種。国際《こくさい》的な条約《じょうやく》で保《ほ》護されているが、角をとる目的での密猟《みつりょう》が止まらない。

(1) この文章を大きく三つに分けるとすると、第二のまとまり、第三のまとまりはどこからですか。それぞれはじめの五字をぬき出しなさい。（10点／一つ5点）

第二のまとまり…□□□□□

第三のまとまり…□□□□□

(2) ――線①「大自然と文化は共存するのでしょうか」という問いかけに対する筆者の考えを、文中の言葉を使って四十字以内でまとめなさい。（15点）

(3) ――線②「素材」とありますが、大自然からもたらされた「素材」のあつかいについて、筆者はどのように考えていますか。四十字以内でまとめなさい。（20点）

4 次の文章を読んで、あとの問いに答えなさい。

千葉県で暮《く》らしている聴導犬《ちょうどうけん》の場合も、ユーザーはご夫婦《ふうふ》とも耳が不自由です。

ユーザーの女性《じょせい》は、聴導犬をひろめるデモンストレーションの場で、こう語っています。手話で語った内容《ないよう》を、手話通《つう》訳《やく》の人が伝えていました。

「この子が家に来てから、わたしの生活は変わりました。それまでは、自分がまわりの情報《じょうほう》に気づかず、また失敗するのでは、といつも神経《しんけい》をはりつめていました。聴導犬のよさは、機械ではぜったいにえられない安心感です。この子のおかげで、安心して、落ちついて、なるべくほかの人の世話にはならずに暮らす、ということができるようになりました」

ユーザーの女性は、職場《しょくば》に行くときも、聴導犬をつれていきます。お昼休みを告げるチャイムの音を教えてくれるだけでも、助かります。

□聴導犬がいなくても、ほかの人が昼休みですと教えてくれるかもしれませんが、なるべく自分のことは自分でできるようにした方が、気持ちが軽くなります。

自分のことが、だれかの負担《ふたん》になっているのでは。そういう小さな気づかいが積もり積もると、耳の不自由な人のストレスになってしまいます。聴導犬が毎日手伝ってくれるおかげで、ユーザーは、ゆったりした気分でいることができるのです。

（高橋《たかはし》　うらら「犬たちがくれた音」）

(1) ――線部「わたしの生活は変わりました」とありますが、どのように変わりましたか。あてはまる言葉を、それぞれ文章中から八字でぬき出しなさい。（6点／一つ3点）

つねに□□□□□□□□いた生活から、□□□□□□□□でいられる生活に変わった。

(2) ユーザーの女性が、機械ではなく、聴導犬をすすめるのはなぜですか。本文中の言葉を適切《てきせつ》に用いて、二十五字以上三十字以内でまとめなさい。（6点）

(3) □にあてはまるものを次から選び、記号で答えなさい。（3点）　〔　　〕

ア　そして
イ　もし
ウ　しかし
エ　さらに

(4) 筆者は、耳の不自由な人は日常《にちじょう》の生活の中で、どのようなことが気になっていると述《の》べていますか。本文中の言葉を適切に用いて、三十字以上三十五字以内でまとめなさい。（6点）

答え

小5 標準問題集 国語

4年の復習① 2〜3ページ

1 (1)じどう (2)せいと (3)しめい (4)けんこう (5)れいぶん (6)なかま (7)(国語)辞典 (8)欠席 (9)卒(業) (10)(上)達 (11)低(学年) (12)試験(管) (13)給(食) (14)協(力) (15)(目)標 (16)参考(書) (17)委(員) (18)愛(読)

2 (1)加・貨・果・課 (2)完・官・観・関 (3)競・軽・径・景 (4)笑・消・松・唱 (5)器・旗・希・季

3 (1)①選挙 ②道路 ③交通 ④放送 ⑤運動 ⑥前進
(2)①水害 ②客室 ③予定 ④守
(3)①自然 ②照 ③無理 ④点数
(4)①満員 ②消失 ③浴室 ④清書

4 (1)①苦い ②苦しい (2)①消える ②消す (3)①伝える ②伝わる
(4)①好かれる ②好む

考え方

1 学校生活に関係が深く、いろいろな場面でよく使われると思われる字を集めました。四年生までに学習した漢字ですが、正しく書けるようにしておきましょう。特に「上達」の「達」は「達」と書いてしまうまちがいが多いので、気をつけましょう。

2 四年生で学習した漢字の「音《おん》」を集めました。熟語《じゅくご》にするとよくわかるので熟語として覚えておくようにしましょう。
(1)加工・貨物・果実・課題、(2)完全・警察《けいさつ》官・観察・関係、(3)競馬・軽快《けいかい》・直径・風景、(4)談笑・消火・松竹梅《しょうちくばい》・合唱、(5)楽器・校旗・希望・季節などと用います。特に、(3)「競」は「競走」のように「キョウ」と読むことが多いのですが、「競馬」のようにに「ケイ」とも読むので注意しましょう。「成《セイ》・信《シン》・初《ショ》・願《ガン》」は答えとして選ばない漢字です。

3 漢字学習では部首を覚えておくことも大切です。漢字(和)辞典を使うときにも、部首さくいんを使えて便利です。漢字の仲間を集めて学習するときには、音・訓の読みだけでなく、部首や画数などでも集めてみるとよいでしょう。

4 送りがなは、漢字の読み方や意味をはっきりさせるはたらきをします。それぞれに応《おう》じて、正しい送りがなをつけることができるようにしましょう。また、同じ漢字でも、意味により読み方が変わることにも気をつけましょう。

⇐ ひっぱると、はずして使えます。

4年の復習② 4〜5ページ

1 (1)オ (2)ア (3)エ (4)ウ (5)イ (6)カ

2 (1)欠席 (2)北極 (3)失敗 (4)以下

3 (1)イ (2)カ (3)ア (4)ウ (5)エ (6)オ

4 (1)目 (2)口 (3)むね (4)耳 (5)首 (6)鼻

5 (1)だから (2)しかし (3)なぜなら (4)そのうえ (5)すると (6)それとも

6 (1)イ (2)ウ (3)ア (4)エ

考え方

1 国語辞典には、言葉がもっているいろいろな意味とその使い方がのっています。文にあてはめて、ぴったりと合うものをさがすようにしましょう。それぞれの意味で、正しく使い分けできるようにしましょう。

2 反対の意味の言葉や組になる言葉を見つけて、知っている言葉の数を増《ふ》やしましょう。漢字の意味を考えて、反対の意味をもつ言葉を見つけるようにしましょう。

3 言葉として対《つい》になるものを見つけましょう。動きを表す言葉や気持ちを表す言葉など、いろいろな言葉で組になるものを考えることができるようにしましょう。

4 二つ以上の言葉が結びついて決まった意味を表す言い方を「慣用句《かんようく》」といいます。慣用句には、たとえた言い方が多く、様子をわかりやすく伝えるはたらきがあります。「目」を使った慣用句には、「目を回す(気を失う、いそがしい、びっくりする)」や「目を光らす(よく見はる)」などもあります。

5 前の文とあとの文とのつながり方を考えて、言葉をさがしましょう。それぞれ、文と文の関係を表しています。

6 「手」には、「人手・仕事・世話・方向」など多くの意味があります。そして、「手」を使った慣用句も多くあります。「手にあまる」は力不足で持てあますという意味、「手をかす」は手伝うという意味、「手に入る」は自分のものになるという意味、「手がたりない」は働く人が少ないという意味です。

4年の復習③

6~7ページ

1 (1)兵十のかげぼうしをふみふみついていった(行きました)。
(2)神様が、おまえがたった一人になったのをあわれに思わっしゃって、いろんな物をめぐんでくださる(んだ)
(3)㋐くりやまつたけ　㋑兵十　㋒神様
㋓お礼
(4)ア
(5)こないだ、うなぎをぬすみやがったあのごんぎつねめが、またいたずらをしに来たな。
(6)㋐土間　㋑くり　㋒固めて
(7)イ

考え方

1 ごん、兵十《ひょうじゅう》、加助《かすけ》という登場人物の会話や心の内、行動を文にそってきちんと読みとることができるようにしましょう。また、主語をおさえて読むようにしましょう。会話や行動から、人物の気持ちを考えることができるようにしましょう。

1 漢字のなりたち

ステップ1

8~9ページ

1 (1)Aシ　Bキ　Cオ　Dサ　Eカ
Fセ(C・D、E・Fは順不同)
(2)Gス　Hク　Iイ

2 (1)ウ　(2)ア　(3)エ　(4)イ

3 (1)会意文字　(2)象形文字　(3)形声文字
(4)指事文字　(5)転注文字　(6)仮借文字

4 川　刀　足　馬　門　木　竹

5 (1)ア　(2)ウ　(3)エ　(4)エ　(5)イ　(6)エ
(7)ウ　(8)ア　(9)イ　(10)イ　(11)ウ　(12)ア
(13)オ　(14)エ　(15)エ　(16)ア　(17)ア　(18)エ

考え方

1 漢字のなりたちと性質《せいしつ》について述《の》べた文章です。漢字がほかの文字とどのようなちがいがあるのか、考えてみましょう。

2 (1)象形《しょうけい》文字、(2)指事《しじ》文字、(3)会意《かいい》文字、(4)形声《けいせい》文字を問う問題です。漢字(和)辞典にも「なりたち」を示《しめ》した部分があるので、漢字を調べたときには、注意して読むようにしましょう。

3 漢字のおこりは、ものの形を写して作られた「象形文字」からです。数や位置などのように、形で表せないことがらを点や線を使って表した「指事文字」、いくつかの文字を組み合わせて、別の新しい意味を示した「会意文字」があります。そして、二つの文字を組み合わせ、一つは意味を、一つは読み方(音《おん》)を表した「形声文字」があります。今のように、多くの漢字が生まれたのは、形声文字が作られるようになったからです。また、もともとの意味が変わって、新しい意味をもつようになった「転注《てんちゅう》文字」、文字のもとの意味とは関係なく、その音だけを借りて用いた「仮借《かしゃ》文字」があります。

4 象形文字は、ものの形を写して作られた文字です。ものの形と似《に》ている漢字をさがしましょう。

5 形声文字は、音を表す部分をもっています。⒀の「楽」は、もともと「音楽をかなでる」という意味でしたが、「たのしい」という意味を表すようになりました。

ステップ2 10〜11ページ

1 (1)(釒)(同・ドウ) (2)(氵)(永・エイ)
(3)(言)(正・ショウ) (4)(糸)(圣・ケイ)
(5)(木)(票・ヒョウ) (6)(弓)(長・チョウ)
(7)(木)(支・シ)

2 象形文字…イ・エ・オ・キ・ク
会意文字…ア・ウ・カ・ケ・コ

3 (1)・則・氵 (2)形声
(3)①ア ②イ ③ア ④ア ⑤イ

4 (1)米・セイ (2)亻・ケン (3)心・シ
(4)阝・サイ (5)飠・カン

5 (1)清 (2)救 (3)招 (4)程 (5)績

6 例 田 申 旧 由 白 などから三つ。

7 群 易 祝 耕 達

8 例 (1)刊・制など (2)病・痛など
(3)発・登など (4)思・急など
(5)建・延など (6)庫・序など
(7)富・容など (8)統・絶など
(9)無・照など (10)教・故など

考え方

1 形声文字《けいせいもじ》です。ふつう、部首が意味を表しています。

2 **ケ**の「因《いん》」には「原因」「起因」という熟《じゅく》語《ご》からもわかるように、「何かが起こるもと」という意味があります。**コ**の「信」は「人」と「言」からできています。人の言葉が心と一致《いっち》するという意味です。

3 漢字を漢字(和)辞典で調べると、読み方、画数、いくつかの意味が書かれています。はば広く利用しましょう。

4 形声文字の意味を表す部分(部首)と読み方(音《おん》)を表す部分を問う問題です。(1)の「青(セイ)」は、部首が変われば「清・請・晴・情」などの漢字になります。

5 すべて形声文字です。音を表す部分に注目して文字を考えましょう。そして意味を表す部分(部首)をまちがえないようにしましょう。(5)は「功積」としないように注意しましょう。

6 「日」は四画ですので、五画の漢字を考えましょう。

8 (1)「刂」は「かたな」、(2)「疒」は「やまい」、(3)「癶」は「足ぶみ」、(4)「⺗」は「精神」、(5)「廴」は「長くのばす」、(6)「广」と(7)「宀」は「屋根」、(8)「糸」は「いと」、(9)「灬」は「火」、(10)「攵」は「打つ」という意味をもっています。

ここに注意 **7** つき出るか出ないか、「、」の有無、横画やたて画の本数などに気をつけましょう。

2 漢字の読み方

ステップ1 12〜13ページ

1 Aウ Bエ(A・Bは順不同) Cイ
Dア Eエ Fウ

2 (1)ショウ (2)アン (3)カン (4)ハン
(5)サイ (6)ガン (7)タイ (8)ソク

3 (1)つつ (2)ぬの (3)ととの
(4)かたち・かた (5)の (6)ひたい
(7)いわ (8)くらい (9)やぶ (10)えだ

4 (1) ほそ／こま (2) おこな／い (3) さかな／うお
(4) おさ／なお (5) ま／ふ (6) おぼ／さ

5 (1) チョク／ジキ (2) ヘイ／ビョウ (3) ゼン／ネン
(4) キョウ／ケイ (5) ダン／ナン (6) ベイ／マイ

6 (1) シハイ／くば (2) セイカク／たし (3) カコ／す
(4) キョカ／ゆる (5) セキニン／せ

(6) ヨウジョウ／やしな　(7) タイヒ／くら
(8) カイセイ／こころよ　(9) イシ／こころざ
(10) サイカイ／ふたた

7 (1)△　(2)○　(3)△　(4)△　(5)○　(6)△

8 (1)けさ　(2)おとな　(3)たなばた
(4)きょう　(5)まいご　(6)けしき
(7)じょうず　(8)はかせ　(9)かわら
(10)しみず　(11)くだもの　(12)めがね

考え方

1 音読《おん》みと訓読みの特ちょうを考えましょう。

2 音読みは、辞書ではふつう、カタカナで書かれます。

3 訓読みは、ふつうひらがなで書かれます。

4 漢字によっては、複数《ふくすう》の訓読みをもっているものがあります。送りがなから判断《はんだん》するとよいでしょう。

6 ふつう、漢字には、音読みと訓読みの両方があります。(9)「志」は「こころざし」と送りがななしで読むこともあります。

7 「重箱《じゅうばこ》読み」とは、「重箱」のように、上が音読みで下が訓読みの読み方です。「湯桶《ゆとう》読み」とは、「湯桶」のように上が訓読みで下が音読みの読み方です。(1)「合」は「あう」→「あい」、(2)「仕」は「シ」、(3)「芽」は「め」、(4)「場」は「ば」、(5)「素」は「ス」、(6)「手」は「て」の読み方です。

8 熟語《じゅくご》に対してつけられた読み方がります。特別な読み方ですが、生活する上でよく使うものもありますので、しっかり覚えるようにしましょう。

ここに注意

5 同じ漢字でも、中国の北方と南方では、発音のちがったものがありました。また、時代によって発音の変わることもありました。そのため、日本にも、いくとおりかの音が入ってきたのです。

7 (5)「素」の読み「ス」は、中学以上で習う読みですが、よく出る言葉なのでとりあげました。

ステップ2

14～15ページ

1 (1)(ま—す)(ふ—える)
(2)(とお—る)(かよ—う)
(3)(おぼ—える)(さ—める)
(4)(くる—しい)(にが—い)
(5)(おも—い)(かさ—ねる)

2 (1) ゆうめい／だいみょう　(2) どくしょ／とうてん
(3) とうこう／とざん　(4) りゅうがく／るす
(5) しゅと／つごう　(6) ざっそう／ぞうごん(ぞうげん)
(7) どうぶつ／しょくもつ　(8) ぶじ／むごん
(9) せいじ／ちすい　(10) きょうみ／ふっこう

3 (1)判・犯・飯・版　(2)慣・感・幹・館
(3)程・提・停・低　(4)金・禁・近・均
(5)条・状・常・情

4 (1)A厚　B暑　C熱
(2)A開　B空　C明
(3)A測　B計　C量

5 (1)敗・やぶ
(2)受・う
(3)効・き
(4)備・そな
(5)修・おさ

6 (1)たいしゅつ　(2)みもの
(3)もんぶかがく　(4)へた
(5)なまいき

7 横　オウ／よこ　　河　カ(ガ)／かわ
芽　ガ／め　　額　ガク／ひたい

8 (1)キ　(2)エ　(3)ウ　(4)オ　(5)イ　(6)カ
(7)ア

考え方

3 同じ音《おん》をもつ漢字は、たくさんあります。意味によって使い分けすることを身につけましょう。

4 同じ訓をもつ漢字も、いくつかあります。文の意味を考えてどの漢字を使えばよいか判断《はんだん》しましょう。

6 (2)は「けんぶつ」という読み方もあります。

7 名詞《めいし》は、ものの名前を表す言葉です。

ここに注意

1 送りがなの部分に気をつけましょう。同じ漢字でも、動詞《どうし》になったり、形容詞《けいようし》になったりする場合があります。

2 熟語《じゅくご》によって、同じ漢字でもちがう音で読むことがあります。熟語として読み方を覚えるようにしましょう。

8 (3)の「計画を練る」は、内容をよく検討《けんとう》すること。(6)の「口車に乗る」は、うまい話にだまされること。意味も覚えておきましょう。

3 漢字の書き方

ステップ1

16〜17ページ

1 (1)イ (2)ア (3)ア (4)イ (5)ア

2 (1)11 (2)9 (3)16 (4)16 (5)16 (6)12 (7)12 (8)7 (9)8 (10)8 (11)14 (12)13

3 (1)木、きへん (2)艹、くさかんむり (3)辶、しんにょう(しんにゅう) (4)刂、りっとう (5)广、まだれ (6)口、くにがまえ (7)灬、れんが(れっか) (8)穴、あなかんむり

4 (1)6 (2)9 (3)6 (4)3 (5)6 (6)2 (7)1 (8)5 (9)1 (10)17

5 (1)①注 ②満 ③液 (2)①極 ②検 ③標 (3)①招 ②投 ③提 (4)①情 ②性 ③快

6 (1)のぎへん (2)あめかんむり (3)もんがまえ (4)ごんべん (5)まだれ (6)かねへん (7)うかんむり (8)けものへん (9)しんにょう(しんにゅう) (10)くにがまえ (11)りっとう (12)れんが(れっか) (13)おおがい (14)いとへん

考え方

1 (1)〜(3)は横画をあとに書く漢字です。(4)「忄」りっしんべんと、(5)「犭」けものへんの筆順に注意しましょう。

2 「阝」は三画、「糸」は六画、「辶」は三画です。(9)「往」の部首は「ぎょうにんべん」。

3 漢字のどの部分が部首になっているかによって、「〜へん」「〜かんむり」「〜だれ」「〜にょう」「〜がまえ」などといい、部首の名前になります。(8)は「宀」(うかんむり)とまちがえやすいので注意しましょう。

4 筆順をまちがえやすい漢字です。ふつう筆順は、漢字を書きやすいように決められています。

5 「さんずい」は「氵」、「きへん」は「木」、「てへん」は「扌」、「りっしんべん」は「忄」です。

6 二つの漢字を比《くら》べて、同じ部分をさがしてみましょう。部首は、漢字の組み立ての上から分けると大きく七つの部分に分けられます。

・へん(左側の部分)
・つくり(右側の部分)
・かんむり(上の部分)
・あし(下の部分)
・にょう(左から下へ続く部分)
・たれ(上から左へたれている部分)
・かまえ(外側を囲《かこ》む部分)

ここに注意

1 筆順には、次のようなきまりがあります。

①上から下へ書く。
②中心を書いてから左側、右側を書く。
③外側を書いてから中を書く。
④左はらいを先に、右はらいをあとに書く。
⑤たてや横につらぬくものは、最後に書く。

ステップ2　18～19ページ

1 (1)A七　B部首　C三　Dつくり
(2)①カ　②ア　③キ　④ウ　⑤エ

2 (1)ゆみへん　(2)11　(3)4

3 (1)2　(2)7　(3)5

4 (1)ウ・チ　(2)サ・ナ　(3)ケ・ハ
(4)ク・ト　(5)キ・ニ　(6)イ・ノ
(7)カ・ヌ　(8)エ・ツ

5 (1)ウ　(2)オ　(3)イ

6 (1)カ　(2)イ

7 (1)馬・10　(2)承・8　(3)率・11

8 A央　B月　C女　D口　E田

考え方

1 漢字辞典でひくときは、部首さくいん、音《おん》訓さくいん、総画《そうかく》さくいんを使います。「酒」の部首は「酉、とり(ひよみのとり)」ですが、「氵、さんずい」とまちがえることがあります。「聞」の部首は「耳」ですし、「初」の部首は「刀」です。また、「街」の部首は「行」(ゆきがまえ・ぎょうがまえ)ですが、「彳」(ぎょうにんべん)とまちがえやすいです。

2 漢字辞典をひくときに読み方がわからない場合は、部首さくいん、総画さくいんを使います。

3 たてにつらぬく線は、あとに書きます。漢字は、上を先に、左側を先に書くことが多いです。

4 (1)提げる　(2)強いる　(3)外れ　(4)計る　(5)研ぐ　(6)浴び　(7)値する　(8)期　と書きます。

5 (1)の部首は「木」。「休」だけは「亻」。(2)の部首は「口」。「回」だけは「囗」。(3)の部首は「刂」。「測」だけは「氵」です。

6 「阝」は「こざとへん」で、「阝」は「おおざと」です。「厂」は「がんだれ」で、「广」は「まだれ」です。

7 画数をまちがえやすい漢字です。

8 (9)・(11)・(13)など、わかりやすいところから漢字を入れていきましょう。

ここに注意 4 「提《さ》げる」「強《し》いる」「研《と》ぐ」「値《あたい》する」「期《ご》」の読み方は、中学以上で習います。

ステップ3　1～3　20～21ページ

1 (1)まる　(2)き　(3)のうりつ
(4)じょうぎ　(5)おうふく

2 A級(または校)　B情(または好)
C動(または電)　D談　E材　F理

3 (1)故人　(2)個人　(3)追　(4)負　(5)熱
(6)署　(7)写　(8)移

4 (1)①科学　②参加　③均一　④賞品
⑤年賀状　⑥因果　⑦営業　⑧基本
⑨国旗　⑩勝利
(2)①運休　②規則　③現地　④覚
⑤易
(3)①一目散　②青写真　③利益
④雲行(き)　⑤再三

5 (1)足し　(2)生え　(3)後れ
(4)苦い(または苦しい)　(5)外れ
(6)結え(または結べ)

6 (1)イ　(2)ア　(3)イ　(4)ウ　(5)イ
(6)イ　(7)ア　(8)イ　(9)ウ　(10)イ

考え方

1 問題の中で指定されているように、ひらがなで答えましょう。(3)「のおりつ」、(5)「おおふく」と書かないようにかなづかいにも注意しましょう。

2 CとDは少し難《むずか》しいです。「動機」というのは、「どういうつもりでそれをする気になったか」ということ。「会談」というのは、「代表者が公的な立場で話し合う」ことです。

3 同音異義語《どうおんいぎご》、同訓異字の問題です。「故人《こじん》」とは、「生きているときにつながりがあった人で、もう死んでしまった人」です。(5)(6)以外に「アツい」は「厚い」もあります。

4 (1)足りない部分をつけ加えて、正しい漢字になるかどうか確《たし》かめてみましょう。
(2)⑤の「ヤサしい」は、「かんたんな」という意味です。
(3)三字熟語《じゅくご》をふくんだ問題です。（　）内の意味を考えましょう。

5 (1)は「たし」、(2)は「はえ」、(3)は「おくれ」、(4)は「にがい」、(5)は「はずれ」、(6)は「ゆえ」と読みます。送りがなにも気をつけて正しく書けるようにしましょう。

6 同じ音読みをしますが、異なる意味をもつ漢字を同音異義語といいます。それぞれの意味を正しく覚えておきましょう。

4 熟語《じゅくご》の組み立て

ステップ1　22〜23ページ

1 (1)あんがい　(2)しょもつ　(3)かくじつ　(4)かっせん　(5)いと　(6)やけい　(7)しいか　(8)たいりょう　(9)どくしょ　(10)びじん　(11)えんきん　(12)むごん　(13)けおりもの　(14)けんぞうぶつ　(15)いしょくじゅう　(16)ぜんごさゆう　(17)にっしんげっぽ　(18)ひじょうじたい　(19)のうこうせいかつ　(20)えいきゅうへいわ　(21)かんぜんむけつ　(22)しちてんはっき

2 (1)面積　(2)往復　(3)教師　(4)天然　(5)税金　(6)電報　(7)航海　(8)犯人　(9)感覚　(10)追放　(11)保護　(12)興味　(13)清潔　(14)道徳

3 (1)エ　(2)オ　(3)ウ　(4)ア　(5)エ　(6)イ　(7)オ　(8)ア　(9)ウ　(10)エ　(11)イ　(12)ア　(13)ウ　(14)イ　(15)エ

4 (1)未　(2)無　(3)不　(4)無　(5)未　(6)不　(7)非　(8)不　(9)未(不)

5 (1)性・制・晴(青)　(2)慣・観・寒　(3)賛・参・産　(4)講・航(行)・功　(5)快・解(回)・海　(6)養・曜・陽

6 (1)出版と物　(2)新と発売　(3)不と安定

考え方

1 熟語の組み立て方を知り、熟語としての読み方を覚えておきましょう。
二字の熟語の組み立て方には、1同じ意味の漢字を重ねたもの(7)、2反対の意味の漢字を重ねたもの(11)、3上の漢字が下の漢字の意味をかざるもの(2)(6)(8)(10)、4上が動詞《どうし》で下に目的を表す語がつくもの(4)(9)、5上に打ち消しの漢字がつくもの(12)などがあります。三字以上の熟語の組み立て方には、1上の一字が下の二字の意味をかざるもの(13)、2上の二字が下の一字の意味をかざるもの(14)、3対等の関係でならべられたもの(15)、4二つの熟語を組み合わせたもの(19)(20)、5一字一字が独立《どくりつ》したもの(16)があります。

2 前後の言葉から、どんな熟語がふさわしいか考えましょう。

3 訓読みに直して上下の漢字がどのような関係になっているのかを考えましょう。

4 「不」は「〜ない、〜でない」、「非」は「〜でない、〜しない」、「無」は「〜がない」、「未」は「まだ〜でない」という打ち消しを表しています。

5 下につく漢字から、熟語の意味を考えて同音の漢字の中から正しい意味をもつものを書けるようにしましょう。

6 三字熟語の組み立ての問題です。二つに分けたとき、二字のほうが熟語になっているかどうかを確《たし》かめてみましょう。

ステップ2　24〜25ページ

1 (1)決　(2)後　(3)理　(4)権　(5)歴

2 (1)ア　(2)オ　(3)エ　(4)オ　(5)ウ　(6)イ　(7)エ　(8)ア　(9)ウ　(10)イ

3 (1)転　(2)工　(3)任　(4)合　(5)産

4 (1)ア　(2)ウ　(3)イ　(4)ウ　(5)ア

5 (1)朝　(2)得　(3)覚　(4)欠

6 (1)弱　(2)地　(3)易　(4)旧　(5)減

7 (1)イ　(2)ウ　(3)ア　(4)エ　(5)イ

8 (1)成　(2)心　(3)記　(4)音　(5)金　(6)調

考え方

1 四つの熟語《じゅくご》に共通している漢字でないといけません。三つにあてはまっても、あと一つにあてはまらなければ、その漢字はふさわしいとはいえません。

❷ (4)「国営《こくえい》(国が営《いとな》む)」のように主語・述語《じゅつご》の関係のものは、「何が、どうする」という言い方ができます。

❸ まず、たての三字熟語にあてはまる漢字を入れてみて、次に横の三字熟語にもあてはまるかどうか、調べるとよいでしょう。

❹ 四字熟語の正しい読み方、漢字、意味を知り、正しく使えるようにしましょう。
(1)「いんがおうほう」で、人間の思いや行いの善悪《ぜんあく》に応《おう》じてむくいがくること。(2)「さんかんしおん」で、冬季に三日寒い日が続き、その後、四日暖《あたた》かい日が続く天気のこと。(3)「いちねんほっき」で、あることをなしとげようと直《ただ》ちに決心をし、それにつとめること。(4)「おんこちしん」で、昔のことを研究して新しい道理を見つけること。(5)「ぜんだいみもん」で、今まで聞いたことがないこと。

❺ 四字熟語の問題です。上の二字と下の二字が、それぞれ熟語になっている場合が多いです。また、上の二字と下の二字が同じような意味を表したり、対《つい》になっていたりしていることもあります。

❻ それぞれの漢字の意味を考え、それと反対の意味を表す漢字をさがしましょう。また、できた熟語を読んでみましょう。読み方は(1)きょうじゃく (2)てんち (3)なんい (4)しんきゅう (5)ぞうげん です。

❼ (1)合法でない (2)まだ整理していない (3)誠実《せいじつ》でない (4)資格《しかく》がない (5)公式でない というところから判断《はんだん》します。

❽ 同じ漢字でも、熟語によって音《おん》が変わることがあります。

5 熟語《じゅくご》の種類

ステップ1

26〜27ページ

❶ (1) 汽車／記者 (2) 行動／講堂 (3) 期待／気体 (4) 公演／講演 (5) 器官／期間

❷ (1)イ (2)ウ (3)イ (4)ア (5)ウ (6)ウ (6)ウ (7)イ

❸ (1)とウ (2)とア (3)とエ (4)とオ (5)とイ (6)とカ

❹ (1)イ (2)ウ (3)イ (4)ア

❺ (1)消費 (2)間接 (3)空想 (4)結果 (5)不幸 (6)平和

❻ (1)ア・ウ (2)ア・エ (3)イ・ウ (4)ウ・エ (5)ア・イ

考え方

❶ 意味をよく考えて、ふさわしい熟語を答えましょう。(4)コウエンには、ほかに「公園・好演」などがあります。(5)キカンには、ほかに「機関・帰還《きかん》」などがあります。

❷ 反対語は、対《つい》にして覚えておきましょう。「短所」と「長所」のように、熟語の中の一字が反対になっているものもあれば、「安全」と「危険《きけん》」のように、二字ともちがう漢字で意味が反対になっているものもあります。

❸ 同類語の中には、「経験《けいけん》」と「体験」のように、漢字もほとんど同じで、意味もほとんど同じものと、「用意」と「準備《じゅんび》」のように、漢字はちがうけれども、意味がよく似《に》ているものとがあります。

❹ 文の意味から判断します。(1)の「しゅうかん」は「そうすることがきまりになっている」、(2)の「こうえん」は、「みんなが遊ぶことのできる場所」、(3)の「かんしん」は、「よくやったとおどろきの気持ちでながめる」、(4)の「しめい」は「みょうじとなまえ」という意味の熟語です。

❺ 反対語を知っているだけではなく、正しく漢字で書けるようにしましょう。そして、一組として覚えるようにしましょう。

❻ 熟語の中の一字が同じ漢字でも、同類語になるとはかぎりません。熟語そのものの持つ意味を考えましょう。そして、文の中でふさわしいものを使えるようにしましょう。

ステップ2　28～29ページ

1 (1)キ (2)エ (3)カ (4)イ (5)ア

2 (1)短 (2)返 (3)客 (4)空 (5)失

3 (1)標識 (2)清潔 (3)恩師 (4)功績 (5)生家

4 (1)問→門 (2)〇 (3)解→開 (4)底→低 (5)子→粉 (6)自→持 (7)主→首 (8)前→然 (9)貨→荷 (10)〇

5 (1)カ (2)キ (3)コ (4)ケ (5)ウ (6)イ (7)エ (8)ア (9)オ (10)ク

6 (1)カ・反対 (2)イ・形式 (3)エ・下校 (4)ア・戦争 (5)オ・解任

7 (1)守秘 (2)個展 (3)至宝 (4)功罪 (5)過労 (6)検討 (7)根幹 (8)固辞 (9)通底 (10)望外

考え方

1 「縮小《しゅくしょう》」の反対は「拡大《かくだい》」、「人口」は「そこに住んでいる人の数」の意味です。

2 それぞれ、「長」「往」「主」「時」「得」と対《つい》になる意味の漢字を書きましょう。

3 音《おん》が同じである漢字はたくさんあります。熟語《じゅくご》としての意味をよく考えましょう。

4 まちがえやすい漢字です。訓読みに直して意味を考えてみると、まちがいを見つけることができる場合があります。

5 同じ意味の漢字が使われている熟語をさがしましょう。

6 反対の意味の言葉を選べるだけではなく、意味をよく考えて正しい漢字で書くことができるようにしましょう。

7 意味を考えながら書くと適切《てきせつ》な熟語を書くことができます。(4)「功」と「効」、(6)「検」と「険」、(9)「底」と「低」など、形の似《に》た漢字に注意しましょう。

4～5 ステップ3　30～31ページ

1 (1)ウ (2)ウ (3)ア (4)オ (5)イ (6)エ (7)エ (8)ア (9)イ (10)オ

2 (1)カ・ア (2)ウ・オ (3)イ・エ (4)オ・キ

3 アとカ　イとサ　ウとケ　オとク　キとコ

4 (1)①抽 ②失 ③求 ④依 ⑤浪　(2)①ア ②エ ③オ ④イ ⑤エ

5 (1)心 (2)以 (3)頭 (4)戸 (5)体 (6)単 (7)長 (8)〇 (9)序 (10)〇

考え方

1 よく似《に》たまちがえやすい言葉がならんでいますが、その中から最も適《てき》した言葉を選びましょう。

2 同音異義語《どうおんいぎご》の問題です。文全体の意味から、最も適した熟語を選びましょう。

3 同類語の問題です。アから順番に、似た意味を表す言葉があるかどうか、調べていきましょう。また、二つ余《あま》ることも念頭において考えましょう。

4 (1)熟語の意味を考えて、その反対の意味をとらえましょう。(2)仏教《ぶっきょう》に関する言葉は、特別な読み方をするものが多いです。「行者(ぎょうじゃ)」、「功名(こうみょう)」、「相伴(しょうばん)」、「嫌悪(けんお)」、「建立(こんりゅう)」と読みます。

5 四字熟語の意味を考えます。訓読みにすれば、わかりやすいでしょう。正しいと思っていてもまちがっている場合があるので、四字とも正しく書けるようにしましょう。

ここに注意 4 (1)①「抽」、④「依」、⑤「浪」は、中学で習う漢字です。

6 言葉の意味と使い方

ステップ1　32～33ページ

1 (1)ウ (2)ウ (3)イ (4)ア (5)ウ (6)イ (7)ア

2 (1)持ち帰る (2)いすわる (3)むし暑い (4)通り過ぎる

3 (1)ウ (2)カ (3)ア (4)キ (5)オ (6)イ

4 (1)イ (2)オ (3)ア (4)ウ (5)エ (6)カ

5 (1)ウ (2)カ (3)エ (4)イ (5)ア (6)オ

6 (1)イ (2)ア (3)ウ (4)ウ

考え方

❶ (1)の「たつ」は「出発する」、(2)の「うたれる」は「感動する」、(3)の「ぬく」は「～し通す」、(4)の「しぼる」は「努力して出す」の意味です。(5)の「みる」は「調べる」、(6)の「きく」は「たずねる、問う」の意味です。(7)の「かえる」は、「前とちがうものになる」の意味です。多義語《たぎご》は、一つの言葉でありながら、いろいろな意味をもっている言葉です。国語辞典で調べたときには、意味だけではなく、その使い方も理解《りかい》するようにしましょう。

❷ 複合語《ふくごうご》は、もとは二つ以上の言葉でしたが、新しい意味をもった一つの言葉として使われています。複合語を作るときは、上のほうの言葉を、「ます」をつける形に直してから組み合わせます。

❸ 「擬声語《ぎせいご》」とは、音や鳴き声などに似《に》せて表す言葉です。「擬態語《ぎたいご》」とは、動作や状《じょう》態《たい》を表す言葉です。「さんさん」、「じりじり」は、どちらも太陽の光の状態を表していますが、「ふり注ぐ」というところから、どちらが適当《てきとう》か判断《はんだん》します。「しとしと」は、雨のふる様子、「こうこう」は、月の光の様子を表す言葉です。

❹ それぞれ決まった言い方です。一つの言葉として覚えておくと便利です。どんな意味を表すのか考えてみましょう。

❺ 「上がる」と書きますが、(1)は、「挙がる」とも書きます。正しい意味をとらえて、文中で使えるようにしましょう。

❻ (1)は「山や建築物《けんちくぶつ》が高く立つ」という意味です。(2)は動詞《どうし》を選びます。(3)は「こわい＝おそろしい」から判断します。(4)は「傍ら」と書き、すぐそばを表します。

ステップ2 34～35ページ

❶ (1)Ⓐウ Ⓑ反 (2)Ⓐエ Ⓑ説 (3)Ⓐイ Ⓑ返 (4)Ⓐエ Ⓑ組

❷ (1)イ (2)ケ (3)ス (4)キ (5)ソ (6)カ (7)コ (8)ク (9)ア (10)オ (11)シ (12)ウ (13)セ (14)タ

❸ A見すかさ B見とおす C見くびら

❹ (1)拾得 (2)精進 (3)故意 (4)素性(姓) (5)会心 (6)出納 (7)物色 (8)自負 (9)不毛 (10)就業

❺ (1)から (2)つの (3)あえ (4)なつ (5)かし (6)かか (7)きり (8)こく (9)たな (10)かい

❻ (1)息 (2)非

考え方

❶ (1)の**ア**は「剃る」、**イエ**は「沿う」です。(2)の**アイウ**は「解く」です。(3)の**ア**は「変える」、**ウ**は「帰る」です。(4)の**アイウ**は「汲む」です。

❷ 漢字の意味を考えることによって、熟語《じゅくご》の意味をおしはかることのできるものがあります。

❸ 「見る」とほかの言葉との複合語です。「見る」の下についた言葉の意味を考えましょう。

❹ 熟語の意味をしっかりとらえることが大切です。特別の読み方のものもあるので、漢字でも正しく書けるようにしましょう。

❺ ひらがな二文字ということで、限定《げんてい》されてきます。

❻ 文の意味から考えます。(1)は、「涙《なみだ》をのむ」という言い方もありますが、文の意味から、ふさわしくありません。

7 慣用句《かんようく》・ことわざ・外来語

ステップ1 36～37ページ

❶ (1)骨 (2)鼻 (3)足 (4)口 (5)耳 (6)目 (7)腹

❷ (1)イ (2)ア (3)ウ (4)イ

❸ (1)ウ (2)オ (3)キ (4)イ (5)ア (6)エ

❹ クレヨン、レンズ、ピストル、フラスコ、オレンジ、ピアノ、ナイフ、ハンカチ

❺ (1)オ (2)エ (3)ク (4)イ (5)キ (6)ア (7)カ

6 (1)カ (2)エ (3)イ (4)オ (5)ア

考え方

1 (4)は「しゃべる」、(5)は「聞く」という言葉から考えます。

2 「慣用句」とは、二つ以上の言葉がひとまとまりになり、ある特別な意味を表す言葉で、体の一部を表す言葉と結びついたものが多くあります。言葉そのものの意味だけでなく、どんなときに使うのかもとらえて、意味を覚えるようにしましょう。

3 「～に―」という言い方のことわざは、たくさんあります。上にくる言葉と下にくる言葉を比《くら》べると、ことわざの意味がわかります。

4 ほとんど英語からきたものですが、フラスコはポルトガルから伝わりました。ポルトガルから伝わったものには、カルタ、テンプラ、コンペイトウなどがあります。

5 「～を―する」という言い方の慣用句です。それらの動作や状態《じょうたい》から、どんなときにそうするか考えてみましょう。

6 「ことわざ」は、昔から言いならわされた言葉で、だれが作ったともなく伝わったものです。いましめやためになるものが多くあり、その中には、動物の名前が入ったものもたくさんあります。意味も理解《りかい》するようにしましょう。

ステップ2 38～39ページ

1 (1)オ (2)カ (3)ウ (4)イ

2 (1)カ (2)エ (3)イ (4)ウ

3 (1)白 (2)紅《こう》 (3)青 (4)銀 (5)赤

4 (1)ケ (2)シ (3)サ (4)コ (5)キ (6)エ (7)ス (8)ク (9)ウ (10)オ

5 (1)カ (2)ウ (3)ア (4)イ (5)エ

6 A油を売っ Bうの目たかの目 C風上にも置けない Dたかをくくっ E目鼻がつい F油をしぼら G鼻を明かし H玉にきず

考え方

1 二つのうちどちらであるか迷《まよ》うものもありますが、いましめやためになるものを選ぶとよいでしょう。

2 文をよく読んで、慣用句の意味と結びつくものを考えるようにしましょう。

3 (3)「青い」には、「まだ熟《じゅく》していない」という意味があります。(5)はずかしいときは、顔が赤くなります。

4 外来語の中でも、ふだんの会話でよく使われている耳なれた言葉ですが、意味を正しく知って使うようにしましょう。

5 同じ意味を表すことわざを、組にして覚えておくとよいでしょう。

6 あとの部分とつながるように、動詞《どうし》や助動詞の形を変えなければいけません。

8 古典に親しむ

ステップ1 40～41ページ

1 (1)A村 B西 C早し
(2)①雪とけ(て)→春 ②菜の花→春 ③五月雨→夏
(3)③・①・②・③・②・①

2 (1)ウ (2)オ (3)イ (4)カ (5)ケ (6)キ (7)ク

3 (1)秋 (2)春 (3)秋 (4)春 (5)夏

4 (1)こよひ逢ふ人みなうつくしき (2)イ・ア (3)イ

考え方

1 俳句《はいく》は「五・七・五」の十七音でできており、約束として季節を表す言葉(季語)を入れることになっています。(1)は、「五・七・五」の音《おん》の数に合うものを選べばいいことになります。前後の言葉から意味も考えるようにしましょう。(2)①の「雪」は冬の季語ですが、「雪とけ(て)」は春を表します。(3)は難《むずか》しいですが、一茶《いっさ》・蕪村《ぶそん》・芭蕉《ばしょう》の俳句の特ちょうを覚え、代表作も知っておくとよいでしょう。特に(3)の三つ目「五月雨《さみだれ》や…」の句は、芭蕉の③の句と対比《たいひ》され、文学的な芭蕉の句に対し、蕪村の句は絵画的であるといわれています。

2 故事成語《こじせいご》には、中国《ちゅうごく》の古い話からできた言葉が多くあります。昔から伝えられた物語や事実をもとにしたいわれのある言葉です。

3 短歌は「五・七・五・七・七」の三十一音からできています。この五首は「小倉百人一首《おぐらひゃくにんいっしゅ》」に収《おさ》められているものです。前後にある言葉をヒントにして季節を考えるようにしましょう。(4)は「雪」につられて「冬」としたくなりますが、「若菜《わかな》」は春のものなので季節は「春」です。

4 明治《めいじ》時代の作品です。「桜月夜《さくらづきよ》」が「六音」で上《かみ》の句の最後が「字余《じあま》り」になっています。「うつくしき」には、花見をしてよい気分になった作者の気持ちが表れています。

ステップ2　42〜43ページ

1 (1)春　(2)秋
2 (3)
3 (5)
4 (1)イ　(2)エ　(3)ア　(4)カ　(5)キ
5 (1)利・エ　(2)門・イ　(3)面・ア
(4)水・オ　(5)風・ウ
6 (1)蟬・夏
(2)例蟬の声さえ、あたりにしみ入るような静かな様子。
7 例目でははっきりと見えないけれども、風の音で秋が来たことを知らされた。

考え方

1 どちらも「百人一首」からの出題です。(1)は「光のどけき」「花」、(2)は「月」がヒントとなっています。ふさわしい季節を考えるようにしましょう。

2 「川柳《せんりゅう》」とは「五・七・五」の十七音で俳句《はいく》と同じ形式ですが、俳句のように季語は入れません。人情《にんじょう》や風俗《ふうぞく》をよんだものが多く、おもしろく風刺《ふうし》のきいたものが多くあります。(3)は与謝蕪村《よさぶそん》の俳句です。

3 それぞれの季語を見つけて、季節を考えましょう。(1)「木枯《こがらし》」、(2)「小春日」、(3)「咳《せき》」、(4)「枯野《かれの》」はすべて冬の季語です。(2)の「小春日」はわかりにくいのですが、冬と覚えておきましょう。(5)「雪残る」は春の季語です。「雪」につられないようにしましょう。

4 (3)「推敲《すいこう》」は、作文などを書いたあとで行います。

5 (1)「漁夫の利」は、鳥と貝が争っているうちに、漁夫が両方を手に入れたということから、第三者が利益《りえき》を得るという意味で使います。ほかの言葉もいわれを調べておくようにしましょう。(5)「馬耳東風」は「馬の耳に念仏《ねんぶつ》」ともいいます。

6 人里離《はな》れた山の中で、蟬《せみ》の声だけが聞こえてきて、まるでその声も岩にしみ入るように思われるくらい静かだ、という思いをよんだものです。蟬の声が聞こえることで、いっそう静けさを感じている様子がわかります。

7 「古今和歌集《こきんわかしゅう》」の中の藤原敏行《ふじわらのとしゆき》の短歌です。「秋が来たと、目ではっきりと見えるわけではないけれど、今までの風とはちがうさわやかな風がふいてきて、ああ秋が来たんだなあと思った」という意味です。

6〜8 ステップ3　44〜45ページ

1 (1)ウ　(2)イ　(3)ア　(4)ア
2 (1)イ　(2)エ　(3)ア　(4)オ　(5)ウ
3 (1)イ　(2)ア　(3)エ　(4)カ　(5)ウ　(6)オ
4 (1)耳　(2)目　(3)気
5 (1)エ　(2)オ　(3)ア　(4)ウ　(5)ク
(6)イ　(7)キ　(8)コ　(9)ケ　(10)カ

考え方

1 (2)ア「税金《ぜいきん》を納める」ことを「納税」といいます。

2 ——線部全体の意味をとらえることが大切です。

3 故事成語《こじせいご》は、それぞれ元になった故事があります。

4 慣用句《かんようく》は、体に関するものや、動物に関するもの、植物に関するものなどがあります。

5 どれもよく使う外来語ですが、一つ一つの意味をきちんと分けて使いましょう。

9 言葉のきまり ①

46～47ページ

ステップ1

1 (1)4 (2)4 (3)5 (4)4 (5)5

2 (1)ア (2)イ (3)ウ (4)イ (5)ア

3 (1)ウ (2)イ (3)エ (4)ア (5)イ

4 (1)主語(花が) 述語(さされた)
(2)主語(むすめは) 述語(着ました)
(3)主語(ぼくは) 述語(すいました)
(4)主語(かれは) 述語(わたった)
(5)主語(母は) 述語(答えました)
(6)主語(林は) 述語(見えない)

5 (1)花が (2)そそいだ (3)なでました (4)打った (5)勉強しています

6 (1)ア・ウ・ウ・イ (2)ウ・ウ・ア・イ (3)ア・ウ・ウ・イ (4)ウ・ア・ウ・イ

7 (1)のでしょう (2)いきました (3)よんでください (4)ありました (5)でした (6)ありません (7)ですね (8)しまうのです

考え方

1 文節とは、文を意味のわかるはんいで区切った場合の、一つ一つの言葉のかたまりのことです。助動詞《じょどうし》(です、ます、など)や助詞(は、へ、など)は、ほかの言葉と結びついて、一つの文節をつくります。

2 主語と述語《じゅつご》の数を調べてみましょう。主語とは、文の中で「何が(は)」にあたる言葉です。述語とは、文の中で「どうする」「どんなだ」「なんだ」にあたる言葉です。主語・述語の組が一つの場合は、単文、主語・述語の組が二つある場合は、重文か複文《ふくぶん》です。重文は、主語・述語の組が対等の関係になっています。複文は、主語・述語の組の一方が、他方の条件《じょうけん》になっていたり、他方の部分を修飾《しゅうしょく》したりします。

3 「～しなさい」というのは命令文、「～ますか」というのは疑問《ぎもん》文、「なんて～でしょう」というのは感動文です。

4 「何は」にあたる部分が主語、「どうする、どんなだ」にあたる部分が述語です。

5 修飾語とは、文の中で意味や様子をくわしくしている言葉です。修飾語には、名詞を修飾するものと、動詞・形容詞《けいようし》・形容動詞を修飾するものとがあります。

6 一文を、主語・述語・修飾語に分ける問題です。まず、主語と述語を見つけ、次に残りの言葉が、主語と述語のどちらの修飾語になるのかを考えると、文の組み立てがよくわかります。

7 「だ」は、ていねいな言い方「です」に直します。「ます」や「です」をつけるときは、適当《てきとう》な形に直します。

ステップ2

48～49ページ

1 主語(1)エ (2)イ (3)エ (4)ア
述語(1)ウ (2)カ (3)カ (4)オ

2 (1)イ (2)ウ (3)エ (4)ア (5)イ

3 (1)①願いが ②とげが ③ヨット ④エピメテウスは ⑤弟も
(2)①かなわない ②美しい ③走る ④ながめました ⑤働きました

4 (1)イ (2)エ

5 Aとばされた B少女の C春風に

6 (1)(主語)あなたは (述語)知っていますか
(2)(主語)花が (述語)咲いた

考え方

1 主語は、ふつう述語《じゅつご》よりも前に書きますが、(1)の倒置文《とうちぶん》の場合は、あとになっています。

2 文の中には、主語のないものもあります。また、長い文でも主語が一つ、述語が一つしかない場合があります。

3 主語には「は」「が」が省略《しょうりゃく》されているものもあります。また、「～には」「～も」という言い方になっている場合もあります。

4 修飾《しゅうしょく》、被《ひ》修飾の関係になっているものは、イとエです。

5 修飾している言葉と、修飾されている言葉を続けて読むと、一つのまとまった言い方になります。

6 (1)疑問《ぎもん》文の述語《じゅつご》は、最後に「か」がつきます。「知っていますか」は、一つの言葉としてとらえます。

10 言葉のきまり ②

ステップ1

50〜51ページ

1 (1)作れば (2)行けば (3)見れば (4)来れば (5)返せば (6)進めば

2 (1)流れる (2)たおれる (3)泣かす(泣かせる) (4)開ける

3 (1)茶店 (2)良平 (3)もう日がくれる (4)トロッコ

4 (1)さらに (2)しかし

5 A ウ B ア C オ D カ

6 (1)ア・イ・ウ (2)エ (3)①楽しく ②楽しかっ ③楽しけれ ④楽しい

7 (1)ウ (2)エ (3)イ (4)ウ

考え方

1 動詞《どうし》は、下に続く言葉によって、形が変わります。たとえば、「作る」の場合、「作ら—ナイ」「作り—マス」「作る—トキ」「作れ—バ」「作ろ—ウ」というように変わります。

2 動詞は、文法上、「自動詞」と「他動詞」に分けられます。「自動詞」は、他の事物と無関係に現《あらわ》れる動作を表す動詞です。「他動詞」は、他からはたらきかける動きを表す動詞です。「自動詞」が目的語(〜を)をもたないのに対して、「他動詞」は目的語をもちます。

3 指示語《しじご》(こそあど言葉)の中で、「こ」は自分に近いもの、「そ」は相手に近いもの、「あ」はどちらからも遠いもの、「ど」はわからないものを指します。「こ」の場合、「これ」はもの、「ここ」は場所、「こちら」は方角、「この」は指定された何か、「こんな」は様子を指します。

4 文の前後をよく読み、どんなつながり方をしているのかを考えて、接続語《せつぞくご》を入れましょう。

5 接続語の中には、次のようなものがあります。順接「話のすじが順序《じゅんじょ》よくつながること(すると、だから、それで)」、逆接《ぎゃくせつ》「前に述《の》べたことと、あとに述べることが意味の上で逆になること(しかし、けれども、だが)」、言いかえ(つまり、すなわち)、選択《せんたく》(それとも)などです。

6 形の変わらない品詞は、名詞**ア**・副詞**ウ**・助詞**イ**・連体詞・接続詞・感動詞の全部で六つです。(3)の「楽しい」の活用(形が変わる)は次のようです。

・楽しかろ(う)・楽しく(遊ぶ)・楽しかっ(た)・楽しい・楽しい(とき)・楽しけれ(ば)

7 (1)は、形容詞《けいようし》の中に名詞があります。(2)は、動詞の中に名詞があります。(3)は、形容動詞の中に、名詞と助動詞を組み合わせたものがあります。(4)は、名詞の中に動詞があります。

ステップ2

52〜53ページ

1 (1)エとク (2)アとカ (3)イとキ

2 A オ B ウ C エ D ア E カ

3 (1)①アとケ ②エとキ ③ウとコ ④オとカ ⑤イとサ ⑥クとス ⑦シとセ
(2)A 述語 B 主語
(3)形が変わる(活用する)点。

4 (1)飛ばす (2)さそわれる (3)よければ (4)される(なさる) (5)静かで

5 (1)始まる (2)晴れる (3)美しい (4)静かだ (5)ます

6 (1)㋐形容詞・B ㋑副詞・D ㋒動詞・C (2)名詞

7 (1)エ (2)ア (3)エ (4)ア

考え方

1 動詞の言い切りの形は、「ウ」段《だん》の音《おん》で終わっています。形容詞は「い」、形容動詞は「だ」です。「にぎやかな」は、「にぎやかだ」の形が変わったものです。

2 文の前半と後半の内容《ないよう》をとらえ、それぞれ、最も適切《てきせつ》なつなぎ言葉を選びましょう。

3 「自立語」というのは、そのものだけで文の成分を構成《こうせい》することができる言葉です。「付属語《ふぞくご》」は、自立語について初めてはたらきをもつ言葉です。自立語には、このほかに主語を修飾《しゅうしょく》できる連体詞《れんたいし》、修飾語にならない接続詞《せつぞくし》、感動詞があります。

4 (1)は他動詞にします。(2)は受け身、(4)は尊《そん》敬《けい》の言い方に直します。(3)は「〜ならば」という仮定《かてい》の形に直します。(4)は敬語に、(5)は他の言葉に連なる形にします。

5 それぞれ変化しない部分に気をつけて考えましょう。言い切りの形に直せるようにすると、国語辞典で調べるときにも便利です。(5)「ます」はていねいを表す助動詞です。

6 品詞名を正しく答えられることと、そのはたらきも覚えておくことが大切です。(2)名詞のはたらきは「A　主語である」ことです。

7 (1)は、可能動詞《かのうどうし》(〜できるという意味の動詞)の中に、ふつうの動詞が入っています。(2)は、他動詞の中に自動詞が、(3)は、助動詞の中に形容詞《けいようし》が、(4)は、形容動詞の一部の中に助動詞が入っています。

11 敬《けい》語《ご》

ステップ1　54〜55ページ

1 (1)イ　(2)ア　(3)ウ　(4)ア　(5)イ　(6)イ　(7)イ　(8)イ　(9)ア　(10)イ

2 (1)発表しました　(2)よんでください　(3)読みましょう　(4)あります

3 (1)めしあがる　(2)いらっしゃる(おられる)　(3)おやすみになる　(4)おなくなりになる　(5)ごらんになる　(6)おめしになる(着られる)

4 (1)する　(2)見せてくれ(見せてもらいたい)　(3)行く　(4)もらった　(5)食べた

5 (1)お好きで(いらっしゃいま)すか　(2)いただきました　(3)申しておりました

6 ①おばあさん　②そうです　③おいしいですよ　④めしあがりますか　⑤父　⑥参りました　⑦される(なさる)　⑧いたします(させていただきます)　⑨なりましたら　⑩うかがいます(おうかがいします)

7 (1)エ　(2)イ　(3)ア　(4)ウ

考え方

1 動作の主語がだれかを考えるとわかりやすいでしょう。

2 敬語の中の「ていねい語」に直す問題です。「〜です」「〜ます」「〜でした」「〜しました」「〜でしょう」「〜しましょう」「〜ください」などに言いかえることができるようにしましょう。

3 「お(ご)〜になる」という尊敬語《そんけいご》もありますが、「めしあがる」や「いらっしゃる」のように、まったく言い方が変わるものもあります。

4 動詞《どうし》と、過去《かこ》や希望を表す助動詞だけの言い方に直します。

5 (1)は尊敬語、(2)と(3)はけんじょう語です。

6 自分の父親のことを話すときは、「お父さんが」と言わずに、「父が」と言いましょう。

7 だれのだれに対する尊敬なのかをはっきりさせましょう。

ステップ2　56〜57ページ

1 (1)×、おとうさん→父　(2)○
(3)×、食べて→めしあがって(お食べになって)
(4)×、聞いた→お聞きになった
(5)×、なさいました→しました(いたしました)

2 (1)C (2)A (3)B (4)B (5)A

3 (1)おかあさん↓母 (2)ウ

4 (1)イ (2)ウ (3)ア

5 (1)ア来る イ行く
(2)アもらう イ食べる
(3)ア聞く イ行く

6 (1)食べる (2)見せる (3)会う (4)見る
(5)聞く(引き受ける、承知《しょうち》する)

7 (2)↓いらっしゃいましたら(おいでになりましたら)
(4)↓おいでになりましたか(いらっしゃいましたか、行かれましたか)
(6)↓お聞きになってください(おたずねになってください)
(7)↓めしあがってください(おめしあがりください)
(8)↓ごらんになりたい

考え方

1 (1)と(5)は、自分や自分の家族に尊敬語《そんけいご》を使っているので、まちがいです。(3)と(4)は、客や先生に対して尊敬語を使っていないので、まちがいです。

2 (3)や(4)のけんじょう語は、「先生」がつくと、尊敬語と思いがちなので、注意しましょう。

3 自分の家族には、けんじょう語を、先生には、尊敬語を使います。

4 目上の人に、あることをたのんだり、すすめたりするときには、「〜してくださいませんか」という言い方をします。

5 同じ敬語でも、使うときによって、その意味が変わります。

6 「お目にかける」と「お目にかかる」は、一字しかちがいませんが、意味はまったくちがいます。

7 いろいろな敬語の表現《ひょうげん》があります。どの表現が最もふさわしいか考えてみるとよいでしょう。

ステップ3 9〜11 58〜59ページ

1 (1)例 わたしは、劇をすることに賛成しました。しかし、決まったあとでなんだか気分がすっきりしません。
(2)例 うで時計がこわれた。だから、時計屋さんに修理をしてもらった。
(3)例 家族で山に行きました。けれど、雨も風も強くて登山ができませんでした。
(4)例 大雪でバスが来ない。だから、学校におくれそうだ。
(5)例 わたしは絵を見ることが好きだ。また、かくことも好きだ。

2 (1)オ (2)ク (3)キ (4)ア (5)エ (6)カ (7)ウ (8)イ

3 (1)ア・単文 (2)イ・複文 (3)ウ・重文

4 (1)どうぞ、料理をえんりょなくめしあがってください。
(2)間もなく先生がこちらへいらっしゃいます(おこしになります)。
(3)よろしくと母が申しておりました。
(4)父は今出かけております。

5 (1)させなさい (2)もみじのようだ (3)あげなさい (4)なりましたか (5)かけられた (6)覚えられる (7)とどめていない (8)したい

6 (1)ウ (2)エ

考え方

1 一つの文の中での接続語《せつぞくご》と、二つの文をつなぐ接続語で、同じはたらきをするものを整理して考えるようにしましょう。(1)・(3)は「しかし、けれど(も)、だが」などが考えられます。(2)・(4)は「それで」も考えられます。(5)は「しかも、さらに」なども考えられます。

2 ——線の言葉は、どれも助動詞《じょどうし》です。助動詞は助詞と同じようにほかの言葉について、言葉と言葉の関係を示《しめ》したり、意味をそえたりします。助詞は形が変わりませんが、助動詞は形が変わります。

3 単文(主語と述語《じゅつご》を一つずつもつ文)と、重文(単文が二つ以上ならんで、一つの文になったもの)はわかりやすいのですが、複《ふく》文《ぶん》(主語・述語の関係が二つ以上あり、一組の主語・述語の関係部分が、さらに主語となって、述語と呼応《こおう》している文）はわかりにくいです。まず、主語と述語がどれかをはっきりさせることが大切です。

主語を見つけるときは、「…は」や「…が」という助詞が決め手になります。(3)「買ったが」の「が」は、接続助詞といって、文をつなぐはたらきをしています。

4 (3)は「申していました」、(4)は「出かけています」でも正解です。

5 文末がどうなっているかで、意味に大きなちがいができるので、正しく形を変えることができるようにしておきましょう。

6 修飾《しゅうしょく》される言葉をとらえる問題です。修飾語がどの言葉にかかっているかを見つけられるようにしましょう。修飾語を一つ一つの言葉につないで、最も自然に意味が通るものを選びましょう。

ここに注意 4 会話文の中で敬語《けいご》はよく使われます。決まった言い方、正しい使い方ができるようにしましょう。
6 文の組み立てでは、主語・述語・修飾語を見分けられるようにしましょう。また、修飾語はどの言葉を修飾しているのかを正しくとらえられるようにしましょう。

12 物語を読む ①

ステップ1　60～61ページ

1 (1)エ
(2)例 みんなが心配してくれるのがうれしかったから。

2 (1)例 姉と二人で銭湯に行くのは初めてで、なんとなく不安だったから。
(2)例 犬が吠えるのをこわく感じる様子。

3 (1)残雪がはやぶさを（なぐりつけた。）
(2)残雪のむな元の羽（が飛び散った。）

4 (1)ウ

考え方

1 自分のことしか考えていなかったことに気づいて泣き始めた「あたし」ですが、キンちゃんやおばさん、満里《まり》の思いやりにふれて涙《なみだ》が止まらなくなっています。

2 銭湯《せんとう》に行ったことはあるけれども、姉と二人で行くのは初めてだという場面です。

3 残雪《ざんせつ》がはやぶさに対しているときの様子を読みとりましょう。「白い花弁《かべん》のように」飛び散ったのは、前の部分ではやぶさが「残雪のむな元に飛びこ」んだということから、残雪のむな元の羽だということがわかります。

4 「ははは……。よくこれだけきれいに持って行けたものだ。」という博雅《はくが》の言葉から判断《はんだん》しましょう。

ステップ2　62～63ページ

1 (1)三郎次は　(2)イ　(3)イ
(4)ア　(5)アく
(6)だれひとりしるべのない都
(7)これではな　どこかに宿
だれひとり
(8)ウ

2 Aウ　Bイ　Cエ　Dオ　Eア

考え方

1 (2)ふたりの兄といっしょであったときの三《さぶ》郎次《ろうじ》と、わかれてからの三郎次のちがいは何かを考えます。
(4)「　B　」のあとで、女の人は、三郎次に「あなたは旅のおかたでございますか。」と聞いたのだから、三郎次が旅の人であることも、三郎次という名前も知らないはずです。

2 この問題のように、会話文の順序《じゅんじょ》を決める場合には、場面を理解《りかい》しましょう。特に相手の同級生と「ぼくら」のどちら側の言葉であるか、よく見きわめることが大切です。**オ**の「それに」が何を受けてつけ加えているのか、よく考えましょう。また、「野菜を持っていく」「ねだるだけ」には、会話としての対応《たいおう》があることに注意します。

13 物語を読む ②

ステップ1 64〜65ページ

1 (1)Ⓒ→Ⓑ→Ⓐ (2)らくだ
(3)例 らくだがさばくのかなたに消えるまで、ぼんやりと見送っていた。
(4)ウ (5)気持ちよさそうに月の光を浴びていた。
(6)さばくのかなたに消えた。 (7)夜

2 (1)例 まだよそよそしいあいそ笑い。
(2)例 ヨッちゃんと友だちになれた気がしたから。
(3)例 ヨッちゃんはもうタケシくんに会うことができないのだという思い。
(4)タケシくん

考え方

1 要約すると、Ⓐぼくは、かけこんだ公園のすな場のすなの上に、らくだの花輪を見つけた。Ⓑらくだのすがたが消え、われに返ると、見慣《みな》れた公園があった。Ⓒらくだが立ち上がり歩きだした。となります。らくだがどのように表現《ひょうげん》されているかに注目すると文章の組み立てがわかります。(1)らくだの動きの順序《じゅんじょ》をとらえましょう。(4)直前の「一歩一歩確《たし》かめるように」から考えましょう。(7)「月の光を浴びて」に注目して考えましょう。

2 この文章は、タケシのこいのぼりがきっかけになって、少年がヨッちゃんとのぎくしゃくを解消《かいしょう》できた場面です。(1)転校してきた頃《ころ》はぎくしゃくはしていませんが、きょりが遠いのです。(2)「タケシくんと一《いっ》緒《しょ》だった頃もこんなふうに笑っていたのかもしれない」と思える笑い方だったのがうれしさの理由です。(3)そんなふうに笑いかける相手がもういないことを思ったのです。(4)少年から見て、友だちのヨッちゃんの友だちです。

ステップ2 66〜67ページ

1 (1)目
(2)例 風呂場ですっぱだかになって、水を頭からかぶる。
(3)ア

2 (1)例 ぼく…今日は絵を描くのはここでおしまい、という意味。
父……絵を描くこと自体をやめてしまう、という意味。
(2)ウ

考え方

1 (1)「目をまるくする」で、おどろいて目を見はるという意味の慣用句《かんようく》です。(2)場面の展開《てんかい》から、「強烈《きょうれつ》なやりかた」は――線②のあとに書かれていることがわかります。(3)寒い日のことなので、頭から水をかぶろうとすれば母さんに止められるのではないかと考えたのです。

2 (1)「……絵をやめるなんて言ってないよ」のあとに、父が「ぼく」の言葉の意味をとりちがえたことについて述《の》べています。(2)第二段落《だんらく》で、自分の絵の出来が悪い「原《げん》因《いん》」を「よく分かっていた」と述べています。

14 伝記を読む

ステップ1 68〜69ページ

1 (1)信長 (2)イ

2 (1)例 病人の治療をするため。
(2)例 気取らず、勉強熱心な人物。
(3)例 語学につうじていたから。

3 (1)イ・ウ

考え方

1 この文章は、藤吉郎《とうきちろう》(のちの秀吉《ひでよし》)が、信長《のぶなが》の目に留《と》まって頭角を現《あらわ》していくエピソードを書いたものです。(1)藤吉郎の呼《よ》びかけに応《こた》えた人物です。(2)一文《いちもん》の金もつかわないとうけあった藤吉郎が、そのあと村々をたずねまわってたのんだことからわかります。

2 各国の医師《いし》たちが船で中国へいき、病人の

治療《ちりょう》にあたったエピソードを書いた部分です。(1)英世《ひでよ》の目的も、ほかの医師たちと同じです。(2)ほかの医師たちとくらべてみましょう。みんながごうか船のよいへやでおいしい料理を食べているときに、英世はきたないへやで、まずいものを食べていました。また、中国語の勉強をするのに、みんなは辞典を使ったのに対して、英世は船のそこのほうではたらく中国人たちと、みぶり手ぶりで会話しました。(3)中国人に人気な理由と、医者たちによろこばれた理由で共通するのは語学です。

❸ 両親やサリバン先生、おおぜいの人にたすけられてきたヘレンが、自分の生《お》い立ちのしあわせを思い、多くの子どもたちにもわけてあげたいとかんがえた気持ちを書いた部分です。具体的にはどんなことをしたいとヘレンがかんがえたかを読みとりましょう。

ステップ2　70〜71ページ

❶ (1)①(アレクサンダー・グラハム・)ベル　②エジソン　③エジソン
(2)かんたんで、明るくて、だれにもわかることばだから。
(3)例スズ箔をまいたつつに針で波型のみぞをきざんで(22字)
(4)エ

考え方
❶ 電話機と蓄音機《ちくおんき》の発明について説明した文章です。エジソン自身が発明したものと、さいしょに発明したのは別の人だが改良して役にたつようにしたものとを区別して読みとりましょう。

12〜14 ステップ3　72〜73ページ

❶ (1)Aウ　Bア
(2)イ
(3)四年生以上
私の胸の下あたりにぐいと坊主頭を押しつけてきた。
・つい最近(三カ月ほど前)
私の顔をながめてだまってニヤリと笑った。
(4)三カ月ほど前に〜帰ってきたとき
(5)例体の大きな子どもに飛びつかれて、私がたおれそうになること。
(6)成長　(7)岳は　(8)①ウ　②玄関先でいきなり飛びついてくること。

考え方
❶ 父親の子どもの成長に対する喜びと、自分から遠ざかっていくようなさみしさを表した文章です。(1)A「重いトランク」という言葉に注目しましょう。(2)「静かに」という言葉から考えましょう。(3)わくの中に入れないといけないので、短く要約して書きましょう。(5)「体がずっと大きくなっているから……こっちがたまらない」とあることから、「私《わたくし》」がどんな様子になるのかを考えましょう。(6)「年々変わってきている」ことを楽しみにしているような言葉です。(7)だれが笑ったのかを考えましょう。(8)①受け身のはたらきをしているものを見つけましょう。②「そういうこと」は、㋑の前の妻《つま》の会話文の中にも出てきます。内容《ないよう》が示《しめ》されているのは、もう一つ前の「私」の言葉です。

15 随筆《ずいひつ》・脚本《きゃくほん》を読む

ステップ1　74〜75ページ

❶ (1)野球のうまい奴は、いい奴
(2)例「親友」や「絶交」という言葉をいちばんたくさんつかった頃。
(3)例「仲良し」と「親友」の区別がつき、「親友」という言葉を照れずに言える状態。(37字)
(4)イ

❷ (1)ウ　(2)お言いつけのとおり
(3)①何事か(何事だ)　②行き(行って)

③来ました　④言って
(4)㋐カ　㋑エ　㋒ア
(5)水をくむため
(6)おそろしいおにが現れ、取ってかもう、取ってかもう、とさけんで、追いかけてきたこと。

考え方

1 筆者の思いや感想をとらえます。

2 「狂言《きょうげん》」とは、能楽《のうがく》のあいまに演《えん》じられる、こっけいな劇《げき》のことです。
(1)(2)太郎冠者《たろうかじゃ》は、主人の言いつけで水をくみに行ったのですから、「めしつかい」であると考えられます。
(3)「まいる」は「行く・来る」のけんじょう語です。
(4)せりふ全体の意味から考えましょう。
(5)(6)太郎冠者の三番目のせりふから読みとりましょう。

ステップ2

76〜77ページ

1 (1)①マリー　②ピエール　③マリー
　④マリー　⑤ピエール　⑥マリー
(2)A③　B①　C②　D④
(3)㋐④　㋑①
(4)台本…脚本　会話…せりふ

2 (1)エ　(2)たらず　(3)イ
(4)エ　(5)まえぶれ　(6)つゆ

考え方

1 キュリー夫人が、ラジウムを発見した場面です。せりふは、話し言葉で書かれるのがふつうです。せりふによって登場人物の気持ちや考えなどを読みとりましょう。また、動作や場面を説明した部分は「ト書き」といいます。

2 「小春日和《こはるびより》」は、陰暦《いんれき》十月(現在《げんざい》の十一月)のころの、よく晴れた春のように暖《あた》かいひよりのことです。サンフランシスコでは、一カ月あまり晴れた日が続き、十一月から一、二月までは、雨が続くのです。

16 詩を読む

ステップ1

78〜79ページ

1 (1)年賀状
(2)例正月くらいは顔を見せてほしいという思い。
(3)母

2 (1)例大きな声で鳴く。
(2)例精いっぱいに生きているところ。

3 (1)春
(2)しとしとしとと

4 (1)①秋のさくら　②蝶々　蝶々
　③おいそぎなさい　④蝶々　蝶々
(2)イ

考え方

1 元旦《がんたん》に年賀状《ねんがじょう》で子の消息を知るのだから、子は母のところへ帰省《きせい》しては来ないのでしょう。「まあ　いいか」と呟《つぶや》きながら、何度も子どもからの年賀状を見返す様子から、会いたいと思っている気持ちを読み取りましょう。

2 鳴くチャンスは今しかないという必死さを感じての涙《なみだ》です。必死に鳴くのですから、弱々しい小さな声ではありません。

3 この詩は、「雪あたたかくとけにけり」とあるように、春の情景《じょうけい》を表しています。暖《あたた》かくなり、雪がゆっくりと融《と》けているのです。

4 コスモスは漢字で書くと「秋桜」となります。桜《さくら》は春に咲《さ》くものですが、コスモスは秋に咲きます。蝶々《ちょうちょう》に冬ごしのしたくをするようにいそがせている情景が考えられます。

ステップ2

80〜81ページ

1 (1)木蓮の花が(ぽたりと)おちた時。
(2)ぽたり
(3)ア

2 (1)イ　(2)2　(3)ウ

3 (1)ア、カ　(2)エ
(3)ⓐ例反射した太陽の光　ⓑウ

(4) 例 雲ひとつなく、晴れわたっている様子。
(5) 第一連④　第二連⑧

考え方

1 木蓮《もくれん》の花がおちた音に、おどろく作者の気持ちが表されています。「明るい」とあり、花が散るさびしさでなく、花が作者に気づかれようとしていたずらをしかけたような、親しみが感じられます。

2 (1)つりをしている人物の様子を、目の前で見ているようにとらえ、目を遠くの牧場の牛に転じています。
(2)竿《さお》が「弓なりにしなった」のですから、大きな魚がつれたと思ってしまいます。

3 前日まで雪が降《ふ》っていたのでしょう。この朝、雪はやみ、青空がひろがっています。この降りつもった雪に、太陽の光が反射《はんしゃ》して、きらきらとかがやいている様子を、作者はうれしそうに表現《ひょうげん》しています。

15～16 ステップ3　82～83ページ

1 (1)ア　(2)B　(3)体　(4)自分の体が自然の存在だ(ということ。)
(5)呼吸や消化の働き

2 (1)①イ　②イ　③ア　(2)美しい
(3)紙風船・願いごと

考え方

1 随筆《ずいひつ》の問題です。生活場面をもとにして、筆者の持論《じろん》をやわらかく伝えています。(2)次の段落《だんらく》の初めに「それは、体だ」と答えが出ていることに注目しましょう。(3)――線②の次の段落には「体」のことが書かれていて、何度もキーワードとして出てきます。

2 詩の形式には五七調・七五調の「定型詩」、形にとらわれず自由に書いた「自由詩」、物語ふうにつづった「散文詩」があります。詩では、文章の段落に相当する部分の行分けのまとまりを「連《れん》」といいます。

17 説明文を読む

ステップ1　84～85ページ

1 (1)「逆境をプ　(2)ウ　(3)踏まれることを利用して種子を運ぶ。

2 (1)Aア　Bエ　Cウ　(2)近代的自我～ている社会　(3)つまり仲間

考え方

1 オオバコのすごさを、ここがすごい、それだけじゃなくてここはもっとすごい、ここまでは想像《そうぞう》していなかったでしょうと、ぐいぐいおしてくる書きぶりです。最初の二段落と最後の二段落に、この特ちょうが見られます。筆者が考えるオオバコのすごさは、「逆境《ぎゃっきょう》をプラスに変える」戦略《せんりゃく》にあります。

2 前半の段落には、明治以降《めいじいこう》の日本が目標としてきた、西欧《せいおう》の理念や精神《せいしん》、社会について、後半の段落には、日本人からみた、個《こ》人主義《じんしゅぎ》という西欧のイメージは一面的であり、まだ別の側面があることが書かれています。段落ごとの要点をとらえて、筆者の考えを総合《そうごう》的につかみましょう。

ここに注意 1 (1)「～かもしれない」「～だろう」「～と思う」など、不確定《ふかくてい》な内容《ないよう》であることを示《しめ》す表現《ひょうげん》に注目しましょう。

ステップ2　86～87ページ

1 (1)Aエ　Bイ　(2)線を引くの　(3)本の大切なか所に、2Bのえん筆で太い線を入れる習慣(25字)　(4)エ　(5)①賛成　②便利　③万年筆　④結局

2 ①ウ　②ア　③イ　④オ　⑤エ

考え方

1 字数が制限《せいげん》されている場合は、句読点《くとうてん》を一字として数えるかどうかを確《たし》かめ、最も適《てき》したところをさがすようにします。(3)の場合、「こういう習慣《しゅうかん》」とありますから、前のほうの内容《ないよう》を指していると考えられます。

2 ①は、数万年前の人たちがかきのこした動物の絵の説明が、②、③、④は、絵のある場所についての説明が、⑤は最後の文につながる疑問点《ぎもんてん》が書かれています。文末表現《ひょうげん》や接続語《せつぞくご》に注意して文の順序《じゅんじょ》を考えましょう。

18 論説文《ろんせつぶん》を読む

ステップ1 88〜89ページ

1 (1)相手のためにどうするのがいいかを考える(相手のことを思いやる)こと。

(2)相手が傷つくような厳しいことは言わず、相手の気分がよくなるようなことばかり口にする(人当たりのいい言葉ばかりを口にする)

(3)ア

2 (1)第一段落と第二段落の区切り…ウ

第二段落と第三段落の区切り…カ

第三段落と第四段落の区切り…ク

(2)ウ→ア→エ→イ

(3)知性

(4)新たな独創力が獲得され、実り多い人生になる。(22字)

(5)ア

考え方

1 今どきのやさしさは本来のやさしさとは言えず、相手への思いやりではなく自己《じこ》愛からくるものだという筆者の考えが示《しめ》された文章です。

2 記憶《きおく》によって得《え》られる知識《ちしき》が通用するのは若《わか》いうちだけで、後半生を実り多いものにするには、知的活動の根本となる思考力をはたらかせる必要があるという内容《ないよう》の文章です。

ステップ2 90〜91ページ

1 (1)・例(書いてあった場所や形から)記憶が定着しやすいこと。

・例一覧性があり、全体を見通しやすいこと。

(2)記事の検索が一発でできること。

(3)ア○ イ× ウ× エ○

考え方

1 ネットは便利ですが、印刷された新聞ならではの良《よ》さもあるという考えを述《の》べた文章です。新聞のメリット、ネットのメリットの両方を取り上げて順に説明しています。

ステップ3 17〜18 92〜93ページ

1 (1)ア (2)エ

(3)例水中から酸素を効率よく取りこむようになり、酸素濃度が高くても低くても体の活動が活発になって餌を食べる速度がはやくなる。(59字)

(4)ア (5)イ

考え方

1 説明文は、各段落《だんらく》の内容をキーワードを中心に読みとり、段落のつながりを考えることが大切です。接続語《せつぞくご》や指示語《しじご》の用い方に注意して考えるようにしましょう。

19 観察文を読む

ステップ1 94〜95ページ

1 (1)物ほしざおにならんでいる、たくさんのしずく。

(2)水晶のように・ちょうちんのように

(3)すきとおった様子・ならんだ様子

(4)①オ ②キ ③イ

2 (1)・例細ぼうがこまかくわれて、数がふえる。

・例はいのからだはまがり、目や尾やせきずいがだんだんつくられていく。
・例はいは水中生活をする。
(2)はいの育ちはじめは、魚も、鳥も、ヒトもよくにていて、区別しにくいこと。

3 (1)熱(熱いもの)
(2)運動をおこ〜流れている
(3)イ

考え方

1 物ほしざおについたしずくを観察した文です。たとえて表現《ひょうげん》する場合は、「〜のように」、「〜のようだ」という表現をします。

2 (1)——線①の後《あと》の、「まずはじめは」「つづいて」「また」で始まる三つの文で、よくにたところを説明しています。(2)「このようすを見ていると」のあとに、どんなことが推測《すいそく》されるかが述《の》べられています。

3 (1)オジギソウは、葉にさわると動きますが、それは手の熱に反応《はんのう》するからです。熱いものを近づけたら動く、熱を加えたら動くとあり、どちらも熱が原因《げんいん》です。(2)第四段落に書かれています。熱を感じた先から葉がとじ、次にほかの葉がつけ根からとじて全部とじると葉と茎《くき》とのつけ根の部分がたれ下がるという三段階で動きます。(3)オジギソウの何を話題にしているかを考えましょう。熱によって(2)のように動くことが、この文章の中心的な内容です。

ステップ2

96〜97ページ

1 (1)Aエ　Bウ
(2)まるで、蒸発してしまったかのようだ。(18字)
(3)舌
(4)例ヒキガエルの舌がえものをとらえるのにかかる時間は、わずか十五分の一秒であるから。(40字)

2 (1)上から見て左まきのらせんをえがきながら、上へのびていく運動。(30字)
(2)・(茎が棒にふれると、ふれた反対側がより多く生長する、)まきつき運動
・茎が上へのびようとする運動
(3)つるには、下向きに細い毛がたくさんはえているから。

考え方

1 ヒキガエルが小動物をとる早業《はやわざ》の秘密《ひみつ》は、舌《した》を使って、人間の目には映《うつ》らない速さでえものをとらえることにあります。観察文では、示《しめ》されている内容を正しく読みとって、筆者が観察したことをつかむようにしましょう。

ここに注意 **1** (2)「まるで〜のようだ」という言い方を使って、ミミズがいなくなった様子をたとえています。

2 朝顔のつるの「まき上がり運動」が、「二つの運動がくみあわさったもの」だという観察を中心に説明しています。「上から見て左まき」など、観察したことを正しく伝えるくふうに注意して内容を読みとりましょう。

20 日記・手紙を読む

ステップ1

98〜99ページ

1 (1)①、②、⑤　(2)③、④
(3)㋐ウ　㋑ア

2 (1)ア　(2)やっぱり、自分でがんばるより手はないかな——。

3 (1)イ
(2)前書き③　本文⑨　あと書き⑩
(3)㋐はりきっている　㋑もらえませんか　㋒つごうのよい日に行きます

4 (1)別れて→お別れして
(2)かわります→かわられます
(3)くれました→くださいました

考え方

1 日記には、事実を述《の》べている部分と、感想

や考えを述べている部分があります。

2 事実と筆者の考え・感想を読み分けることができるようにしましょう。(2)最後の文の「やっぱり」に注目しましょう。

3 敬語《けいご》を使った文章です。手紙は、相手や目的によって、敬語を使った文章にします。用件《ようけん》だけでなく、あいさつや言葉づかいなどから、書いた人の気持ちも読みとりましょう。

4 先生に対する敬意《けいい》を表した文章です。

ステップ2　100〜101ページ

1 (1)キとオ　(2)クとカ　(3)ケとコ
(4)サとア

2 G—C—A—F—H—B—E—D

3 (1)例友だちと遊んだり、家族でいろいろなところに出かけたりしたいから。
(2)七月三十一日(金)
(3)ウ
(4)例いつも以上にとてもおいしかった(と感じた)。

考え方

1 この手紙は、母親から娘《むすめ》に出されたものです。また、娘にはヒロシという子どもがいます。

2 手紙文は、はじめのあいさつ・本文・おわりのあいさつからなっています。まず、この三つに分けてみましょう。

3 日記は、それぞれの日に行われた内容《ないよう》や、そのとき書き手がどのように感じたかをとらえましょう。(1)七月二十日(月)の文章に書かれています。(3)七月三十一日(金)の文章に、「残っているのは交通安全のポスターをかくことだけだ」とあります。(4)——線の直後に、「いつも以上にとてもおいしかった」と感想が書かれています。

19〜20 ステップ3　102〜103ページ

1 (1)(自分で縫った)雑巾
(2)例雑巾のお礼に、数々の品を送ってもらったこと。
例シベリヤで戦死したひとり息子のために心あたたまる供養をしてもらったこと。
(3)今でも、冷たい戦地で一人息絶えた息子を思いますと、涙が流れてどうすることもできません。(43字)

2 (1)例確かに水草についていたはずの(ひめだかの)たまごが、いくらさがしても見つからないこと。
(2)親がたまごを食べてしまったから。
(3)小さい体に似あわず、食いしんぼうだなと思いました。
(4)5・4・1・2・3

考え方

1 書き手の伝えたい用件《ようけん》とともに気持ちも読みとることができるようにしましょう。

2 観察文とは、何かを観察して気づいたことをありのままに記録したものです。時間の経過《けいか》にしたがい、事実と観察者の感想や意見を区別して読みとりましょう。(3)文末表《ひょう》現《げん》「…思いました」に注目しましょう。(4)観察文とか条《じょう》書きを対応《たいおう》させて、順番を考えましょう。

21 文章の読みとり方 ①

ステップ1　104〜105ページ

1 (1)例動けなくなりました。
(2)ア
(3)恵(が)自動車の運転手(に。)
(4)例男の子が、自動車にひかれそうになってあぶなかったが、助けることができたから。

2 (1)①熱雲
②火山灰や軽石などが、高温のガスにまじって流れだす現象

(2)・一九〇二年
・西インド諸島のマルチニーク島
・プレー火山
・熱雲は、ふもとのサンピエールの町をやきはらい、いっしゅんにして二万八千人もの命をうばった。
・一七八三年　・日本
・浅間山
・熱雲が山の斜面の岩石や土砂、水分をまじえて、熱いどろとなって流れ、ふもとの鎌原村では、五百人近くの人が死んだ。

考え方

1 恵《めぐみ》が、十字路の横断《おうだん》歩道で、二歳《にさい》ほどの男の子を、走ってきた自動車にひかれないようにかかえこんでとびのいた場面です。恵の行動と気持ちを読みとりましょう。(2)直後の「言い返したい」ことを、恵と男の子の関係を考えて選ぶようにしましょう。

2 書いてあることがらの中心になる言葉「キーワード」を見つけ出し、どのように説明しているかを読みとりましょう。要点をまとめるときは、大切な言葉を落とさないようにしましょう。(1)第二段落《だんらく》の「なかでもおそろしいのは、……よんでいます」に注目しましょう。

ステップ2　106〜107ページ

1 (1)例引っ越す前にみんなでおくった写真が部屋のどこにもないこと。
(2)例引っ越す前にみんなでおくった写真が三上くんの部屋になかったことから、三上くんが自分や前の学校の友だちのことを大切に思っていないのだと考えたくなかったから。
(3)①例三上くんが自分と再会するために早く帰って来てくれたと思い、うれしかったから。
②例三上くんが早く帰って来たのは、自分との再会のためではなく、ソフトボールのためだとわかり、がっかりしたから。
(4)イ　(5)①ケイジ　②トシくん
(6)例少年と遊ぶことよりソフトボールの試合を優先《ゆうせん》しようとする三上くんをお母さんがたしなめてくれたことはうれしいが、三上くんにとって自分が小さい存在《そんざい》であったことを知り、情《なさ》けなかったから。

考え方

1 引《ひ》っ越《こ》して行った三上《みかみ》くんと、彼《かれ》に会いに行った少年が再会《さいかい》する場面です。少年の心《しん》情《じょう》を、少年の心の内や動作から想像《そうぞう》しましょう。(6)——線⑤直後の文「うれしくて、悔《くや》しくて、恥《は》ずかしくて、悲しい」とある少年の思いを読み取りましょう。

22 文章の読みとり方②

ステップ1　108〜109ページ

1 (1)①ラルス(と)わたし
②例別れたくなかったから。
(2)・(たった)十二の子ども
・駅舎の間を往復している少年
(3)Aイ　Bア　(4)㋓
(5)例世界じゅうをめぐっている者でも、駅舎間を往復している少年から学ぶことはたくさんあるということ。
例大人でも子どもから学ぶことはあるということ。

2 (1)春から夏にかけて
(2)例つかれをとり、えさをとって、長旅にそなえて、力をたくわえるため。
(3)Aイ　Bウ　(4)5(段落)
(5)例わたり鳥が長い旅をくり返すのは、一日をできるだけ長く使えるシベリアで短い間にひなを育て上げ、敵にねらわれるきけんを少なくするためかもしれない。

考え方

1 物語では、「主題」は、文章の最後の部分に書かれていることが多いです。作者の気持ちが表れている文を見つけて、主題をとらえましょう。(1)②㋓の文の「ラルスともっといっしょに過《す》ごしたら、まだまだ大きな感動を受けたにちがいありません。」から考えましょう。(3)A前のことがらにあとのことがらを加えています。B前とあとの内《ない》容《よう》がくいちがっています。(4)「ちがいありません」に作者の気持ちが表れています。

2 説明文では、要旨《ようし》(筆者の最も言いたいこと)は、最後の段落《だんらく》に書いてあることが多いです。また、問題を提起《ていき》してからその答えとして意見を書くこともあります。(1)指《し》示《じ》語の内容をとらえるには、その指示語より前に注目しましょう。時間や季節を表す言葉をさがしましょう。(2)「なぜ」と問われているので、理由を示《しめ》す「…だから」「…ため」「…ので」などで文を終わらせます。(4)筆者の考えを述《の》べた文をさがすには、文末に着目して筆者の思いを表す文を見つけましょう。

ステップ2 110～111ページ

1 (1)①形だけ整えた簡単で便利な敬語
②とても機械的で心のこもらない言葉

(2)ア
(3)例言葉に頼ったり、言葉の形にとらわれすぎること。
(4)「先生、日本語の文法にくわしいですね」
(5)「とても役に立ちました」「よくわかりました」
(6)・その留学生は敬語の使い方を知らないから。
・日本語には目上の人に何かほめたいと思ったときに適当な言葉がないから。
(7)例大学という、ある意味では無階級社会のようなところに所属しているので、私もなかなか敬語が使えないという言い訳。

考え方

1 (1)「コンビニ敬語《けいご》」という一つの言葉を、言い方をかえて何度も表しています。(3)文章の初めのほうに表されています。その例として「コンビニ敬語」と「留学生《りゅうがくせい》の言葉」があげられています。(6)直後の「それには理由があって」という言葉に注目して読みとりましょう。(7)「そうした」という指示語なので、その前の文に注目しましょう。

21～22 ステップ3 112～113ページ

1 (1)例みんな卒業の話ばかりしていることが気に入らない。(2)イ
(3)㋐バンビ
㋑保健委員・とん汁が嫌い・女子にしては足がはやい
(4)例ある女子からサイン帖の記入をたのまれたのに断ったこと。(27字)

2 (1)まなざし (2)「他人がど～となる自己
(3)例互いの意見をぶつけ合ったり、周囲の声に抗ってでも自分の意思で選択して行動したりすること。
(4)自分は自分

考え方

1 恭介《きょうすけ》の動作から、心情《しんじょう》を読みとるようにしましょう。(3)野村《のむら》さんのことを考えている恭介の心の中が書かれている部分に注目し、問いの答えになる文を見つけるようにしましょう。

2 (1)「他者の評価《ひょうか》」と「他者のまなざし」がまとまりで対応《たいおう》しています。(2)(核《かく》となる)自己《じこ》が確立《かくりつ》されていることが「個《こ》」の意味です。(3)前に「～によってしか鍛《きた》えることができない」とあります。(4)他者に振《ふ》りまわされないあり方が入ります。

23 構成《こうせい》を考えて作文を書く

ステップ1　114～115ページ

1 (1)第二段落②から③までウ　第四段落⑤から⑥までイ　第五段落⑦から⑧までエ　第六段落⑨から⑩までア

2

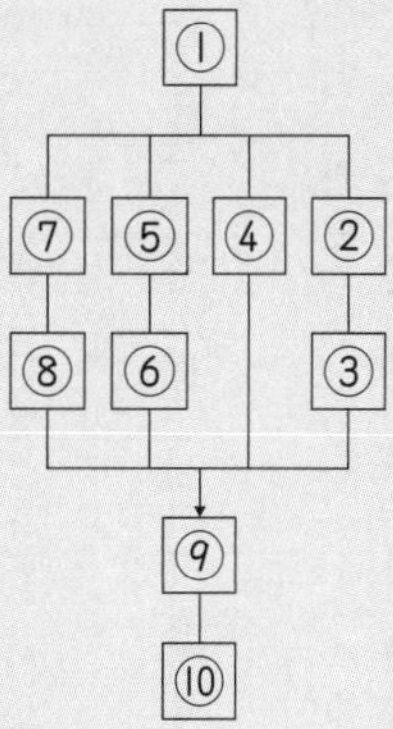

3 例

わたしは、休み時間には、運動場で遊んだほうがいいと思います。

前にこんなことがありました。わたしは、その日、足にけがをしていたので、教室で本を読んでいました。ずっと教室にいたせいか、給食の時間がきても、ぜんぜんおなかがすいてきません。それに、友だちと遊べなくてさみしかったです。

だから、気分てんかんにもなるし、友だちともなかよくできるので、運動場で遊んだほうがいいと思います。

考え方

1 (1)内容《ないよう》によって段落《だんらく》を分けます。それぞれの段落でキーワードとなる言葉を見つけましょう。第二段落は「花びらの一つの大きな役割《やくわり》」、第四段落は「紫外線《しがいせん》から種を守る」、第五段落は「花びらで光を受けて花の中をあたためている」、第六段落は、「他にどのような役割があるのか」がキーワードとなります。

2 ①は、「はじめ」の部分で、問題を提起《ていき》しています。②～⑧で、その問題について説明しています。⑨・⑩は、「おわり」の部分で、文章全体をまとめています。

3 自分の意見のもとになる事実を、一つか二つ、わかりやすく書くことが大切です。

ステップ2　116～117ページ

1 例

これから、先週の図書委員会で話し合ったことを報告します。

読んでみてよかったと思う本を、みんなに紹介してほしいと思います。

そこで、読書感想文を、みんなからぼしゅうすることになりました。

書きたい人は、低学年は、原こう用紙二まい以内、高学年は、原こう用紙三まい以内にまとめてください。

できあがった読書感想文は、今月末までに、各学級のたんにんの先生のところへ出して(提出して)ください。

みなさん、どしどしおうぼしてください。

これで、図書委員会からの報告をおわります。

2 例

今日のそうじの時間のことです。わたしは、ぞうきんで、つくえの上をふいていました。

教室には、ほうきをふりまわして遊んでいる人がいました。まわりの人たちはみんな、めいわくそうにしています。

ほうきが今にもあたりそうで、とてもあぶないです。

❸ 例 (1)なぜかというと、弟は、前に、犬に追いかけられたことがあるからです。
(2)では、人間は、どのようにして言葉をもつようになったのでしょうか。

そうじの時間に、ほうきをふりまわして遊んでいるとあぶないし、まわりの人にめいわくになります。
だから、ほうきで遊ばないようにしなければならないと思います。

考え方

❶ 報告文《ほうこくぶん》は、要点を落とさず、わかりやすく表現《ひょうげん》することが大切です。

❷ 絵を見て、その様子を文で表現する練習をしましょう。

❸ (1)は、理由を表す文です。「〜からです。」という言い方をします。(2)は、前の文から生じた問題を提示《ていじ》するための文です。

24 作文を推敲《すいこう》する

ステップ1

118〜119ページ

❶

　正太は、両手を広げて、
星空をあおぎました。
「きれいな星が、どうか、
ぼくの手にも落ちてきます
ように……」。
　心の中でいのりながら、
正太は目をつむりました。
　北風が、ヒューッと、正
太の周りをふきすぎていき
ました。

❷ (1) 例 午後から雨がふると思った。
それで、ぼくは、かさを持って出かけた。
(2) 例 父は、ちょうどそのとき、母にたのまれた用事をするところだったけれども、それをあとまわしにして、わたしを駅まで送ってくれた。

❸ (1)明日は、たぶん、雨がふるでしょう。
(2)あなたは、どうして来なかったのですか。
(3)今夜は、くもっていて、ぜんぜん星が見えません。
(4)わたしが、こんなにテニスが上達したのは、お父さんの注意をよく守ったり、休まず練習にはげんだりした結果です。

❹ わたしが学校から帰ると、家にはだれもいませんでした。父は仕事に出かけていました。母も、買い物に出かけていました。わたしは、ひとりで、テレビを見ながらごはんを食べました。

考え方

❶ 「　」のついた部分の書き方に注意しましょう。

❷ (1)は、順接《じゅんせつ》の接続語を選びます。(2)は、逆《ぎゃく》接《せつ》の接続語を選びます。「母にたのまれた用事」が二回出てくるので、あとのほうを指示語《しじご》で表します。

❸ (1)〜(3)「たぶん」「どうして」「ぜんぜん」は、決まった形の文末と対応《たいおう》する副詞《ふくし》です。また、敬体《けいたい》で書かれているので、書き直した文も、敬体になっていなければなりません。
(4)「守ったり」に対しては「はげんだり」が、「はげんだ」に対しては「守って」と対応していなければなりません。

❹ 敬体に直す部分以外は、表現《ひょうげん》を変えてはいけません。

ステップ2　120〜121ページ

1

にわとりがたまごを産ん
だとお母さんに知らせよう
か、それとも小屋に入って
たまごを取り、お母さんの
ところへ持っていこうかと、
太郎はちょっと迷いました。
なぜなら、太郎はいつも
お母さんから、一人でにわ
とり小屋に入ってはいけな
いと、くれぐれも言われて
いたからです。
「しかし、たまごを取るた
めに入るんだから。」
と、太郎は思いました。

2 例 (1)台風が近づいているので、雨がはげしくなった。

(2)旅行中の先生からお便りをいただいた。

(3)まさか、あの人が迷うことはないだろう。(……あるまい。)

(4)わたしがしょう来なりたいものは、フライトアテンダントです。

(5)ぼくは、昨日、学校を休みました。そのわけは、かぜをひいて、熱が出たからです。

3 ちょうがひらひらとまっている。あたたかい春の日のことだ。花から花へたのしそうにとびまわっている。そのとき、ふいにあみがつきだされた。ちょうはおどろいて、空高くあがった。

4 (1)風がふいてきた。そのうえ、雨もふってきた。

(2)海があれている。だから、漁に出かけるのはきけんだ。

(3)ぼくは、野球の試合でホームランを打った。しかし、ぼくたちのチームは負けてしまった。

考え方

1 句読点《くとうてん》は、行の一番上のマスに書いてはいけません。前の行の最後のマスの中に、文字といっしょに書きます。かぎ(」)と同じマスには、文字を書いてはいけません。

2 (1)は接続語《せつぞくご》、(2)は敬語《けいご》、(3)は副詞《ふくし》の呼応《こおう》の問題です。(4)は「〜ものは、—です。」、(5)は「そのわけは、〜からです。」という言い方に直します。

3 敬体《けいたい》よりも、常体《じょうたい》のほうが、文にリズム感が出ることがあります。敬体で書くか、常体で書くかは、文の目的によって変わってきます。

4 二つの文に分けるときは、文の前半と後半が、どのようにつながっているかを考えなければいけません。(1)は、「〜し」の「し」、(2)は、「〜から」の「から」、(3)は、「〜が、」の「が」から考えていくとよいでしょう。

ステップ3　23〜24　122〜123ページ

1 (省略《しょうりゃく》→31ページに例文があります。)

2 (省略→32ページに例文があります。)

3 (省略→32ページに例文があります。)

考え方

1 理由を、四〇〇字程度《ていど》で書くように指示《しじ》があるので、三八〇〜四二〇字を目安にします。理由として、どんな体験をあげるか、その体験の中で、自分がどんなことを感じたかなどを、まとめて書くようにします。

2 ことがらと理由を、はっきり分けて書きます。感動したことは、映画《えいが》や書物、日常《にちじょう》生活やニュースなど、広いはん囲から取り出すようにします。

3 「テレビを見ることは悪いと思います。」と言い切ってしまうと、書きにくい場合があります。「かならずしも悪くはないと思います。」や、「悪いところもあれば、よいところもあると思います。」などの表現《ひょうげん》にしておくと、書きやすいでしょう。自分の意見では、どのようにテレビを見ればよいかというところまで、考えて書くようにしたいものです。

総《そう》復習テスト①　124〜125ページ

1 (1)きちょう　(2)とうりょう　(3)むく　(4)さかや　(5)あず

2 (1)回復　(2)出版　(3)標準　(4)成果　(5)活力　(6)高度　(7)限界　(8)絶望　(9)機(気)運　(10)評価

3 (1)減少　(2)失敗　(3)原因　(4)複雑

4 (1)ウ　(2)イ

5 (1)ない
(2)このような
(3)①蛇に通じて不吉で、なにか異変の前兆と恐れた。
②「七色の虹」などと言って、美しさを愛でる。
③虹の根元を掘れば宝物が出てくると喜んだ。
(4)ウ
(5)例 対象や事象に向けられる表現者の視点はさまざまで、正しく推し量るのは容易ではない。

考え方

1 (1)「重」の音《おん》には、「ジュウ」と「チョウ」があります。

2 (1)は、「快復」とまちがえやすいので注意しましょう。(9)の「機運」は、「物事がうまく運ばれそうな、望ましいめぐりあわせ」で、「気運」は、「世間一般《せけんいっぱん》の情勢《じょうせい》がそうなりそうな様子」という意味なので、どちらもあてはまります。

3 よく使われる反対語です。対《つい》にして覚えておきましょう。

4 (1)可能《かのう》(〜できる)の意味で使われています。**ア**と**エ**は受け身、**イ**は自発、**ウ**は可能の意味です。(2)逆接《ぎゃくせつ》の接続語です。**ア**は希望の対象《たいしょう》を表します。**イ**は「けれども」に置きかえることができます。**ウ**と**エ**は、動作や状態《じょうたい》の主体を表しています。

5 「洋の東西」は日本人とヨーロッパ人、「古今の時間差」は古代と現代《げんだい》、「個人ごとの視点《してん》の違《ちが》い」は食いしん坊《ぼう》・商売人・絵描《えか》きさん、(味か、値段《ねだん》か、外見か)を指しています。「視点の〝ゆれ〟」については、この部分では具体例はあげられていません。

総《そう》復習テスト②　126〜128ページ

1 例 (1)車・税　(2)革《かく》・入　(3)閉《へい》・干《かん》　(4)築・水　(5)不(末)・未

2 (1)寒　(2)老　(3)従(客)　(4)昼　(5)喜　(6)親　(7)発

3 (1)第二のまとまり…文化をつく
第三のまとまり…人間社会に
(2)例 問題なく共存できるように、伝統や文化を大自然に合わせて変えていく必要がある。(38字)
(3)例 自然破壊につながる物質にこだわるべきでなく、人間がつくる素材で代替するのがよい。(40字)

4 (1)神経をはりつめて・ゆったりした気分
(2)例 聴導犬には、機械ではぜったいにえられない安心感があるから。(29字)
(3)イ
(4)例 自分のことが、だれかの負担になっているのではないかということ。(31字)

考え方

1 (1)「〜を洗《あら》う」という意味の熟語《じゅくご》には、「洗車《せんしゃ》」「洗顔」「洗面」「洗眼《せんがん》」などがあります。「〜を納《おさ》める」という意味の熟語には、「納税《のうぜい》」「納品」「納金」などがあります。(2)「改」も「革」も、「あらためる」という意味です。「納」は「おさめる」、「入」は「いれる」という意味です。(3)「開く」の対《つい》になる言葉は「閉《と》じる」です。「干満《かんまん》」とは「潮《しお》のみちひき」のことです。(4)「改《かい》めて〜する」という意味の熟語には、「改築《ちく》」「改選」などがあります。「〜で洗う」

という意味の熟語には、「水洗」があります。(5)打ち消しの漢字は、「非・未・不・無」です。「満」を打ち消した熟語には、「不満」「未満」があります。

2 まず、反対の意味をもつ漢字を書いてみます。そして、その漢字の中に、(　)の中の部首が使われているかどうかを確《たし》かめるとよいでしょう。(3)「主客」には、「主人と客人」「主体と客体」「主観と客観」「重要なものと軽いもの」「見方と敵《てき》」という意味があります。「主従《しゅじゅう》」は、「主人と家来」「君と臣」という意味です。(4)「朝」も考えられますが、(　)の中に「月」がないので不適当《ふてきとう》です。(7)「発着」は、「交通機関の出発と到着《とうちゃく》」という意味です。

3 文化も、文化をつくる素材《そざい》も、伝統《でんとう》に固執《こしゅう》するのでなく、自然を破壊《はかい》しない形に変えていくべきだというのが筆者の考えの中心です。素材を大自然から搾取《さくしゅ》するようなやり方を続けていれば、やがては地球全体の破壊が進み、自ら首をくくるような事態《じたい》(人間がもはや生きていけなくなるような事態)になりかねません。素材を代替《だいたい》していくことは可能《かのう》なはずなので、自然破壊に加《か》担《たん》しないようにすることが、人間の未来のために必要だという考えです。(1)第一のまとまりでは、伝統や文化を大自然に合わせて変えていく必要があることをうったえています。これを受けて、第二のまとまりでは、文化をつくる素材についても、大自然を破壊しないものに変えていくべきだと述《の》べています。第三のまとまりでは、ここまでに述べてきたことのまとめとして、筆者の考えが簡潔《かんけつ》に示《しめ》されています。(2)第二段《だん》落《らく》がその答えになっています。そして、それ以降《いこう》の段落で答えの内容《ないよう》がくわしく述べられています。現在《げんざい》のままでは人間が自然を破壊してしまい、共存《きょうぞん》できません。そこで、破壊につながらないようなあり方に、人間のはたらきかけのほうを変えていく必要があると述べているのです。(3)文化と同様に、文化をつくる素材についても変えていく必要があります。

4 (1)ユーザーの女性が手話で語った内容から、聴導犬《ちょうどうけん》が来る前と来たあとを区別して読みとります。(2)聴導犬をすすめる理由も(1)同様、ユーザーの女性が手話で語った内容を手がかりにします。(3)□のあとで「……ても」とあることに注目します。仮《か》定《てい》の条件《じょうけん》づけであるので、「もし」が適当《てきとう》です。(4)ユーザーの女性が手話で語った中で、「なるべくほかの人の世話にはならず」とあります。このことがストレスにつながっているのではないか、と筆者は述べています。

1 122・123ページの**1**〜**3**の例文

わたし(ぼく)が一番好きな季節は、春です。

それは、春という季節には、希望が感じられるからです。

春には、あらゆる植物が、芽を出したり、花を咲《さ》かせたりします。また、いろいろな動物が、冬のながい眠《ねむ》りからめざめて、活動を始めます。

人間もそうです。進学したり、就職《しゅうしょく》したりして、新しい道を歩き始めます。長い間の努力が実る季節でもあるわけです。

春になると、人々は、重いコートをぬぎすてて、身軽になります。黒や茶色の服はやめて、明るい色の服を選んで着るようになります。街には、活気があふれ、人々は足早に歩いて行きます。

また、新しい学年になるという喜びもわいてきます。新しい学年になったら、こんなことをしよう、あんなこともしようと心に思いうかべます。担任《たんにん》の先生は、だれになるのかな、何組になるのだろう、とも考えます。

そういうわけで、わたし(ぼく)は、春が一番好きです。

2

私《わたし》の感動したこと

私は、このあいだ、「ヘレン＝ケラー」の伝記を読みました。そして、ヘレン＝ケラーとサリバン先生の生き方に、とても感動しました。

ヘレン＝ケラーは、生まれて間もなく病気になり、目も見えず、耳も聞こえなくなってしまいます。そんなヘレンを、サリバン先生は命がけで教育します。そして、ついに、ヘレンは文字をおぼえ、話をすることもできるようになったのです。

3

私は、テレビを見るのは、かならずしも悪くはないと思います。

テレビは、長時間見ると、目が悪くなったり、頭がいたくなったりします。また、テレビを見ていると、他のことがあとまわしになったりもします。

しかし、テレビは、息ぬきになったり、ためになることを教えてくれたりもします。

自分で番組を選び、時間を決めて見れば、テレビを見てもかまわないと思います。

そういうわけで、私は、テレビを見るのは、かならずしも悪いことではないと思います。